Starke und schwache Verbformen im Spanischen

THEORIE UND VERMITTLUNG DER SPRACHE

Herausgegeben von
Franz-Josef Klein / Annelie Knapp† / Clemens Knobloch /
Markus Kötter / Britta Thörle

BAND 66

Zu Qualitätssicherung und Peer Review der vorliegenden Publikation

Die Qualität der in dieser Reihe erscheinenden Arbeiten wird vor der Publikation durch die Herausgeber der Reihe geprüft.

Notes on the quality assurance and peer review of this publication

Prior to publication, the quality of the work published in this series is reviewed by the editors of the series.

Franz-Josef Klein

Starke und schwache Verbformen im Spanischen

Struktur und Entwicklung

PETER LANG

Berlin - Bruxelles - Chennai - Lausanne - New York - Oxford

Bibliografische Information der Deutschen Nationalbibliothek
Die Deutsche Nationalbibliothek verzeichnet diese Publikation
in der Deutschen Nationalbibliografie; detaillierte bibliografische
Daten sind im Internet über http://dnb.d-nb.deabrufbar.

Umschlagabbildung:
Antonio de Nebrija: *Gramática de la lengua castellana* [1492]. Libro
quinto, cap. V. De la formación del verbo: Reglas generales

ISSN 0724-9144
ISBN 978-3-631-92292-7 (Print)
E-ISBN 978-3-631-92293-4 (E-PDF)
E-ISBN 978-3-631-92294-1 (E-PUB)
DOI 10.3726/b22068

© 2024 Peter Lang Group AG, Lausanne
Verlegt durch Peter Lang GmbH, Berlin, Deutschland

info@peterlang.com https://www.peterlang.com/

Diese Publikation wurde begutachtet.

Für Kathrin und Annika

Inhalt

Ziele und Forschungsstand

„Starke Verben – schwache Verben" – diese Unterscheidung gehört (oder gehörte einmal) im deutschen Sprachraum zum fest etablierten Schulwissen. Weniger bekannt ist, dass die Gegenüberstellung von starken und schwachen Formen auch in der Beschreibung der meisten anderen indoeuropäischen Sprachen eine Rolle spielt, wenn auch die verwendeten Definitionskriterien mit denen der Germanistik meist nur teilweise identisch sind. Die Unterscheidung ist u.a. auch für die romanischen Sprachen relevant. Seitens der Romanistik wurde die Thematik zuerst in den großen historischen Grammatiken aufgegriffen; allerdings wurden die mit dem Thema verknüpften Fragestellungen hier – wie in derartigen Darstellungen nicht anders zu erwarten – nur kurz behandelt.[1] Größere Einzeluntersuchungen zur Systematik oder zur Entwicklung der starken und schwachen Verben in den romanischen Sprachen wurden bisher nur selten vorgelegt. Die umfangreichste einschlägige Veröffentlichung ist immer noch die schon in der Mitte des 20. Jahrhunderts erschienene, gesamtromanistisch orientierte Monographie von Robert de Dardel.[2] Diese nimmt allerdings nur auf den phonetischen Aspekt der Herausbildung der Formen des Präteritums Bezug. Die Konsequenzen für das morphologische System bleiben ebenso unberücksichtigt wie die verwandte Thematik der Entwicklung der Partizipien.

Was das Spanische angeht, so scheinen größere Untersuchungen zur Entwicklung der starken und schwachen Verbformen bisher zu fehlen.[3] Zwar kann die historische Morphologie nach Rafael Cano Aguilar als „sector bien roturado" der spanischen Sprachgeschichte gelten.[4] Dementsprechend wird

---

1   Aus gesamtromanistisch-vergleichender Perspektive angesprochen wird das Thema etwa bei Bourciez 1967, § 210 (222–227); Lausberg 1972, § 787–948 (184–281); speziell § 891–905 (Perfektformen, 259–263) und § 247–249 (Partizipien, 280–281); Meyer-Lübke 1913, 298 ff.

2   De Dardel 1958. Zu den Charakteristika der „starken" und „schwachen" Verben (Bildung des *pretérito perfecto compuesto* UND der Partizipformen) vgl. Kap. 2.

3   Zu nennen sind u.a. die Arbeiten von Fouché 1929 und Maiden 2001. Sie befassen sich nur mit den Formen des *pretérito perfecto simple*, nicht mit denen der Partizipien. Dasselbe gilt für eine ältere Veröffentlichung des Vf. (Klein 1997). Diese ist sprachvergleichend (spanisch-deutsch) angelegt und kann, bedingt durch das Veröffentlichungsformat (Tagungsbeitrag), die Problematik nur umrisshaft skizzieren. Im Gegensatz hierzu befasst sich González Pérez 2008 nur mit den Partizipien.

4   Cano Aguilar 2004, 71. Einige Beispiele zu Texten, die das Thema der starken und schwachen Verben des Spanischen aus diachroner Perspektive in weiterem Kontext

die Thematik der starken und schwachen Formen in den meisten historischen Grammatiken des Spanischen sowie in einer Vielzahl weiterer Werke
zumindest häufig angesprochen. Allerdings wird der Fragenkomplex in diesem Zusammenhang meist nicht erschöpfend behandelt. Das Interesse jener
Autoren, die hierzu gesonderte Studien vorgelegt haben, gilt – wie es auch in
der von de Dardel vorgelegten, gesamtromanisch angelegten Untersuchung der
Fall ist – ausschließlich oder doch ganz vorwiegend dem Aspekt der <u>phoneti-
schen</u> Entwicklung der Formen des *pretérito perfecto*.[5] Eine Ausnahme bildet
die am Ende des 20. Jahrhunderts erschienene Monographie von Javier Elvira.
Diese behandelt zwar allgemein die Rolle der Analogie in der lateinischen und
spanischen Grammatik, in diesem Zusammenhang findet aber auch die morphologische Problematik der *formas fuertes* eingehende Berücksichtigung.[6] Der
schon erwähnte Cano Aguilar kommt dennoch zu der Einschätzung: „[Toda] la
atención se concentra en cuestiones estrictamente de forma."[7]

In dem vorliegenden Beitrag soll die Entwicklung der starken und der
schwachen Formen des Spanischen einer systematischen Betrachtung unter-
zogen werden. Im Zentrum der Betrachtung steht vor allem die Konkurrenz
der beiden Konjugationsmuster. Dies schließt auch die Frage nach dem Wie
und dem Warum der aufgetretenen Verschiebungen ein. Es soll vor Allem um
die Entwicklung des spanischen *pretérito perfecto simple* (*indefinido*) gehen; auf
jene des *participio pasado* kann nur in vergleichsweise kurzer Form eingegangen werden. Die Fragen, denen ich in dem folgenden Beitrag nachgehen werde,
sind im Einzelnen:

---

ansprechen: Alvar/Pottier 1987, 255–284; García de Diego 1980, 247–254; Hanssen
1910, § 31 (82–90); Hönigsperger 1992, 86–89; Lathrop [2]1995, 185–191; Lloyd 1993,
478–494; Menéndez Pidal [6]1980, 308–322; Penny [3]2008, 253–281; Thibault 2000,
46–61; Zauner 1908, § 112–127.

5   Zwei Beispiele: Montgomery 1978, Bustos Gisbert 1992. Montgomery verbindet die
    phonetische Bestandsaufnahme mit einer semantischen Interpretation (vgl. unten,
    Kap. 4).

6   Elvira 1998.

7   Cano Aguilar 2004, 72. Zu den „cuestiones de forma" gehört z.B. die Frage nach der
    silbenübergreifenden Vokalassimilation, die nur bei bestimmten Formen eintritt
    (*hacer: hiciste, hicimos* usw., dagegen *servir: serví, serviste* usw.; vgl. auch Maiden
    2001). Cano Aguilar beklagt auch einen gewissen Theoriemangel bei den bisher vor-
    liegenden Arbeiten (ebd., 94).

– Wie hat sich die Verteilung der starken und schwachen Formen des *pretérito perfecto simple* (und – eingeschränkt – jene der Partizipien) im Laufe der historischen Entwicklung verändert?

– Hat es Übergänge vom einen in das andere Konjugationsmuster gegeben, und wann haben diese stattgefunden?

– Welches Konjugationsmuster hat sich dabei als das erfolgreichere erwiesen? Gibt es Entwicklungen in entgegengesetzter Richtung?

– Wie ist die „Unregelmäßigkeit" der starken Formen zu bewerten, und welche Folgen hat sie für die Funktionsweise des morphologischen Systems?

– Verhalten sich die die abgeleiteten Verben genauso wie die Simplizia, oder gibt es Unterschiede?

– Wodurch sind die Veränderungen bedingt? Lassen sich einzelfallübergreifende Tendenzen erkennen und erklären?

– Wie haben die Grammatiker des Spanischen auf diese Veränderungen reagiert? Haben sie selbst möglicherweise sogar zu deren Verbreitung beigetragen?

Detailfragen zur phonetischen Entwicklung bleiben in der vorliegenden Studie weitestgehend ausgeklammert. Auch das Problem der Verwendungsregeln beim *pretérito perfecto simple* (im Gegensatz zum *pretérito perfecto compuesto*) und das ihrer eventuellen Wandlungen werden hier nicht behandelt. In nicht unerheblichem Umfang wird hingegen auf die Verhältnisse im Deutschen Bezug genommen. Eine vollständige Darstellung der Gegebenheiten in dieser Sprache ist jedoch nicht beabsichtigt; der Schwerpunkt der Darstellung liegt auf dem Spanischen. Der Vergleich dient lediglich dazu, die Erklärungskraft bestimmter Theorien durch die Heranziehung einer nicht-romanischen Vergleichssprache besser zu veranschaulichen.

1 Starke und schwache Formen des *pretérito perfecto simple* und des *participio pasado*: Definitionsfragen

1.1. Starke und schwache Verben im Deutschen

Obwohl es hier vor Allem um das Spanische gehen soll, ist es angesichts des hohen Bekanntheitsgrads der Unterscheidung von schwacher und starker Verbflexion in der deutschen Grammatik sinnvoll, zunächst auf die Behandlung des Phänomens der starken und schwachen Verben in der Germanistik einzugehen.

Die Unterscheidung geht letztendlich auf Jacob Grimm zurück; in der Germanistik hat sie sich bei der Erforschung des historischen Wandels der Wortformen als fruchtbar erwiesen.[8] In der DUDEN-Grammatik von 2009 wird die Abgrenzung von starken und schwachen Verben wie folgt beschrieben:

Schwache Verben
- bilden Präteritumformen mit einem silbeneinleitenden *t*-Suffix („Dentalsuffix"): vgl. *(ich/man) lachte, redete, (du) lachtest, redetest* usw.;
- bilden das Partizip II mit dem Suffix *-(e)t*: vgl. *gelacht, geredet*;
- zeigen im Normalfall keine Alternation des Stammvokals („regelmäßige" schwache Verben, „Normalkonjugation").

Starke Verben
- markieren das Präteritum nicht durch ein eigenes Suffix, sondern durch Vokalalternation, und zwar Ablaut, im Wortstamm; vgl. *(ich/man) rief, fand*, 3. Pers. Sg. Prät. (Indikativ) von *rufen, finden;*
- bilden das Partizip II mit dem Suffix *-en* (und eventuell Ablaut im Wortstamm); vgl. *gerufen, gefunden.*[9]

Eine ähnliche Definition gibt der *Grundriß der deutschen Grammatik* von Peter Eisenberg (hier nach der 2. Auflage von 1989 zitiert):

Die Vollverben werden nach dem Flexionsverhalten subklassifiziert in *starke* und *schwache* Verben [...] Schwache Verben bilden den Präteritalstamm, indem an den Präsensstamm ein **t** oder **et** angehängt wird (**suche-suchte, lege-legte, spiele-spielte,**

---

8 Vgl. z.B. August 1977, Bittner 1996. Zur Rückführung auf Grimm vgl. Eisenberg 1989, 109.
9 DUDEN-Grammatik 2009, 433 (= § 602). Zur Verwendung im 19. Jahrhundert vgl. Grimm 1995 [¹1819], 445–497.

rede-redete). Das Partizip des Perfekt [SIC!] bilden die schwachen Verben mit Hilfe des Präfix **ge** und dem Präteritalstamm (**gesucht, gelegt, gespielt, geredet**).

Starke Verben sind „stark", weil sie zur Bildung des Präteritalstamms kein besonderes Morphem benötigen. Den Wechsel vom Präsens zum Präteritum zeigen sie durch Vokalwechsel (Ablaut) an (**singe-sang, rufe-rief, nehme-nahm**). Das Partizip des Perfekt bilden sie mit dem Präfix **ge** und dem Infinitiv des Präsens, wobei der Stamm abgelautet sein kann (**rufen-gerufen, schlafen-geschlafen**, aber mit Ablaut **singe-gesungen, schreiben-geschrieben**).[10]

Wie aus den Zitaten hervorgeht, finden bei der Definition zwei unterschiedliche Kriterien nebeneinander Verwendung, nämlich einerseits die Bildung des Präteritums, andererseits die des Partizips II. Die beiden Parameter bzw. die ihnen entsprechenden Wortgruppen sind aber extensional nicht deckungsgleich. Es kann vorkommen, dass – vor allem in fortgeschrittenen Stadien der historischen Entwicklung – die Formen eines Verbs dem einen Kriterium entsprechen und dem anderen nicht. So gehört z.B. *mahlen* (mit langem /a:/, geschrieben <ah>) aufgrund der Form des Präteritums *mahlte* zu den schwachen Verben; das Partizip *gemahlen* verfügt aber über die typisch starke Endung *-en*). Bei der Zuordnung der Verben zu den beiden Gruppen führt dergleichen zu allerhand Komplikationen.

1.2. Starke und schwache Formen im Spanischen

Wie eingangs schon erwähnt, ist die Unterscheidung von starken und schwachen Verben der hispanistischen Linguistik ebenfalls bekannt, wenn sie hier auch weniger gebräuchlich ist als in der Germanistik. Allerdings sind sowohl die Terminologie als auch die verwendeten Kriterien beim Bezug auf das Spanische andere, als man sie aus der Germanistik kennt. Vor allem in neueren Grammatiken ist statt von *verbos fuertes* meist nur von den *formas fuertes* die Rede. Diese werden den *formas regulares* (die nur gelegentlich als *formas débiles* bezeichnet werden) gegenübergestellt.

---

10 Eisenberg 1989, 109. In der neuesten Auflage von 2013 kommt die Unterscheidung von starken und schwachen Verben nicht mehr vor. Eisenbergs Definition des deutschen Partizips weist insofern eine Ungenauigkeit auf, als das Endungs *-t* bzw. *-et* der schwachen Präteritalformen (anders, als im Zitat formuliert) nicht als Bestandteil des Stamms gelten kann.

1.2.1. Formen des *pretérito perfecto simple*

Die gängigen Definitionen konzentrieren sich (anders als beim Deutschen) im Allgemeinen auf die Bildung des *pretérito*; die Partizipien werden meist nur am Rande erwähnt. Als Beispiel für die Definition der *pretéritos fuertes* können die Aussagen in der 2009/2010 erschienenen *Nueva gramática de la lengua española* der *Real Academia* (*NGLE*) dienen:

> Cierto número de verbos poseen irregularidades vocálicas y consonánticas en el pretérito simple, algunas de las cuales se extienden a otras formas verbales. Esos paradigmas se identifican por el hecho de que las formas correspondientes a la 1.a y a la 3.a persona del singular poseen acento en la raíz, como en *tuve/ tuvo; dije/dijo; cupe/cupo*.[11]

> Les prétérits formés sur un radical distinct sont *forts*.[12]

Definitionen der starken und schwachen Verben des Spanischen erscheinen auch schon in verschiedenen einschlägigen historischen Grammatiken zu Beginn des 20. Jahrhunderts. So charakterisiert Adolf Zauner die schwachen Verben als diejenigen, welche „im ganzen Perfektum die Endung betonen", die starken dagegen als jene, die „in der 1. und 3. Person den Stamm betonen."[13] Das betroffene Tempus wird im spanischen Sprachraum (so z.B. in der RAE-Grammatik – *NGLE*) meist als *pretérito perfecto simple* bezeichnet. Dieser Terminus findet auch in der vorliegenden Studie Verwendung.[14]

Wie aus der zitierten Definition deutlich wird, besteht das wesentliche Kennzeichen der starken spanischen Verben darin, dass – anders als bei den schwachen Formen – in der 1. und 3. Person des *pretérito perfecto simple* der Stamm, nicht das Endungsmorphem, betont ist. In diesem Zusammenhang kommt es zu phonetischen Veränderungen: „[L]os pretéritos fuertes presentan una modificación alomórfica en la radical."[15] Diesbezüglich ist allerdings eine

---

11 *NGLE*, 239 f. (= 4.12a). Ganz ähnlich die Definition der älteren *GDLE* (4475; = 68.7.5., sowie 4964).

12 De Poerck/Mourin 1961, 150.

13 Zauner 1908, § 112.

14 Den Ausdruck *indefinido* vermeide ich hier, um terminologische Doppelungen zu auszuschließen. Der deutsche Terminus *Perfekt,* der auch in den oben zitierten Definitionen Zauners und Eisenbergs vorkommt, ist insofern irreführend, als er im Deutschen auf ein anderes Tempus als das hier behandelte bezogen wird (vgl. z.B. Jodl 2018, 23, Anm. 19). In der vorliegenden Arbeit wird er mit Bezug auf das Spanische und das Deutsche nicht verwendet. In der Altphilologie ist der Terminus allerdings etabliert; ich übernehme ihn deshalb für die Beschreibung der lateinischen Formen (Kap. 3).

15 Elvira 1998, 207.

Differenzierung erforderlich: Bei einem ersten Typ der starken Verben tritt im Stamm Vokalveränderung auf (*hacer: hice/hizo, venir: vine/vino, haber: hube/ hubo, poder: pude/pudo*). Ein zweiter Typ ist dadurch gekennzeichnet, dass nicht der Stammvokal modifiziert wird, sondern der diesem folgende Konsonant (z.B. *traer: traje/trajo, conducir: conduje/condujo*). Diesem Typ wird Elviras Kriterium nicht gerecht. Bei einem dritten Typ schließlich verändern sich sowohl vokalische als auch konsonantische Elemente der *pretérito*-Form (Beispiel *decir: dije/dijo, saber: supe/supo*).[16] Die Endungsmorpheme der 1. und 3. Person sind bei den starken Verben immer -*e* und -*o*, während bei den schwachen Vertretern diese Wortart zwei unterschiedliche Formentypen Verwendung finden (einerseits *canté/cantó*, andererseits *metí/metió* und *viví/vivió*).

Ein weiterer wichtiger Unterschied gegenüber dem Deutschen besteht darin, dass beim Spanischen nicht das gesamte Paradigma des Präteritums zur Bestimmung der starken bzw. schwachen Formen herangezogen wird. Die morphologische Besonderheit der starken Konjugation betrifft nur die 1. und die 3. Person Singular des *pretérito perfecto simple* (was die oben erwähnte Verwendung der Termini *formas fuertes* anstelle von *verbos fuertes* plausibel macht). Javier Elvira beschreibt diesen Sachverhalt wie folgt:

> [...] en realidad, estos pretéritos son fuertes sólo en la primera y tercera persona. Esto significa que estos verbos son al mismo tiempo débiles y fuertes. Esta doble condición acentual [...] constituye un nuevo factor de irregularidad de estas formas, que acentúa el contraste con los pretéritos regulares de la mayoría de los verbos del español, que no presentan variación de radical ni movilidad en el acento.[17]

Was die schwachen Verbformen angeht, so fällt deren Definition – anders als die der starken spanischen Formen – in der neuen Grammatik der Real Academia extrem knapp aus:

> Los pretéritos regulares se denominan desde el punto de vista tradicional PRETÉRITOS DÉBILES porque presentan el acento en la desinencia (*tem-í*), no en la raíz. Se diferencian de ellos los pretéritos denominados FUERTES.[18]

---

16   Zur Einteilung der starken Verben in drei Gruppen vgl. Alarcos Llorach 1994, 185 f.
17   Elvira 1998, 128. Ähnlich schon Lloyd 1993, 483.
18   *NGLE*, 239 f. (= 4.12a).

Die Autoren der *NGLE* begnügen sich damit, die üblichen Konjugationsschemata der *verbos regulares* aufzulisten.[19] Der Stamm bleibt bei den schwachen Verben des Spanischen im *pretérito perfecto simple* im Allgemeinen unverändert; die Tempusmarkierung erfolgt hier allein durch die Endung. Ausnahmen sind Einzelfälle wie *sentir* (Präteritum 1. Pers. Sg. *sentí*, 3. Person Sg. mit Stammveränderung *sintió*).

1.2.2. Formen des *participio pasado*

Ebenso wie bei den Formen des *pretérito perfecto simple* sprechen die Grammatiken auch bei den Partizipien von *formas fuertes*. Dies gilt u.a. für die *NGLE*:

> Los participios irregulares se llaman también fuertes porque coinciden con los pretéritos análogos en presentar el acento en la raíz y en ser formas heredadas del latín.[20] Esta clase de participios irregulares se caracteriza por llevar el acento de intensidad en la última sílaba de la raíz.[21]

Wie aus der Definition hervorgeht, sehen die Autoren der Akademie-Grammatik auch bei den Partizipien wie bei den Formen des *pretérito perfecto simple* in der Betonung, nicht in der Veränderung des Stammvokals, das entscheidende Kriterium für die Abgrenzung der starken von den schwachen Formen. Bei den starken Partizipien werden zwar oft der Stammvokal und der folgende Konsonant zugleich verändert (*decir-dicho*, *hacer-hecho*, *poner-puesto*). Es kommen aber auch (wie auch beim *pretérito*) solche Formen des Partizips vor, die im Vergleich zum Infinitiv nur eine Veränderung des Stammvokals, nicht aber eine solche des folgenden Konsonanten aufweisen (*morir-muerto*). In den meisten Fällen bleibt jedoch der Vokal unverändert, während der dem Stammvokal folgende Konsonant eine Modifikation erfährt (*escribir-escrito*, *romper-roto*). Bei den vokalischen Endungen unterscheiden sich die starken Partizipien nicht von den schwachen Vertretern der Wortklasse (Endung auf *-o* oder *-a* bzw. *-os* oder *-as*).

Anders als die starken Partizipien werden die schwachen Vertreter dieser Wortart in den Grammatiken im Allgemeinen nicht ausdrücklich definiert.

---

19 *NGLE*, 199–201 (= 4.5i.–4.5l). Etwas präziser de Bruyne 1993, 390 (§ 976): „Alle regelmäßigen Verben haben ein sogenanntes ‚schwaches‘ *pretérito perfecto simple*. Das heißt, daß in allen sechs Personen die Betonung auf die Endung fällt."

20 *NGLE*, 242 (= 4.12j).

21 González Pérez 2008, 247. Der Verweis auf die letzte Silbe des Stamms bezieht sich auf starke Partizipien wie *abierto*, deren Akzentuierung in der Definition der *NGLE* nicht explizit erfasst wird.

Implizite Aussagen zu ihren Eigenarten liefert z.B. die schon ältere Grammatik von Alarcos Llorach, die aber die Verwendung des Attributs *débil* vermeidet:

> El *participio* se deriva de la raíz verbal mediante un derivativo que confiere a la unidad resultante la función de adjetivo. El significante del derivativo es variable según la raíz verbal: los más frecuentes son *ado, ido* como *cantado, comido, vivido.*[22]

Die Betonung liegt bei den schwachen Partizipien also auf der Endung; der Stammvokal bleibt unverändert. Beispiele für schwache Partizipien sind etwa *cantar/cantado, comer/comido, vivir/vivido.*

1.3. Didaktische Probleme

Die starken Verben des Spanischen gelten – ebenso wie die des heutigen Deutsch[23] – didaktisch als „schwierig." Vor allem für denjenigen, der Spanisch als Fremdsprache lernt, stellen sie ein Problem oder sogar ein Ärgernis dar. Es ist in der Tat so, dass die starken Verben des Spanischen (ebenso wie jene des Deutschen) nicht dem dominierenden, sich stets wiederholenden Muster der Konjugation entsprechen. Am Stammvokal des Infinitivs allein kann der sprachhistorisch nicht vorgebildete Sprecher nicht erkennen, wie die entsprechenden Formen des *pretérito perfecto simple* lauten. So stehen etwa *haber-hube* und *saber-supe* (mit Stammvokal -*a*- und Ablaut -*u*-) anderen Verben wie *hacer-hice* (ebenfalls mit Stammvokal -*a*-, aber mit Ablaut -*i*-) gegenüber. In wiederum anderen Fällen ist der Stammvokal bei Infinitiv und *pretérito*-Form wie schon erwähnt derselbe, während sich der darauf folgende Konsonant ändert: *traer-traje* (mit -*a*-). Hinzu kommt, dass einem starkem *pretérito perfecto simple* (wie dies ähnlich auch im Deutschen der Fall ist) nicht zwangsläufig auch ein ebensolches Partizip entspricht: Teilweise ist dieses ebenfalls stark (*hacer-hice-hecho*), teilweise aber auch „regelmäßig" (d.h. schwach) wie bei *haber-hube-habido* oder *saber-supe-sabido.* Der umgekehrte Fall (schwaches *pretérito perfecto simple* – starkes *participio pasado*) kommt ebenfalls vor: *abrir – abrí – abierto.*

Demgegenüber bereitet die Konjugation der schwachen Verben nur wenige Probleme. Die Bildung der *pretérito*-Formen und des Partizips erfolgt hier immer durch Anfügung von Endungen, die noch dazu bei allen betroffenen Verben gleich sind. Dementsprechend wird in den Grammatiken, wie schon in einigen Definitionen deutlich wurde, die Unterscheidung der Verben mit

---

22   Alarcos Llorach 1994, 147 (§ 206).
23   Zu den Verhältnissen im Deutschen vgl. Kap. 4.1.

schwachem und starkem *pretérito* bzw. *participio* häufig mit der von Regelmäßigkeit und Unregelmäßigkeit der Konjugation in Verbindung gebracht. Die
starken Verben werden hierbei als Sonderfall der unregelmäßigen Verben eingestuft. Dies gilt u.a. auch für die Behandlung des Themas in der *NGLE*: Die
aktuelle RAE-Grammatik widmet den starken Verben ein eigenes Kapitel; sie
nimmt sie aber zusätzlich noch in die (sehr ausführliche) Liste der „verbos irregulares" auf.[24]

Die Einstufung der starken Verben als „unregelmäßige" Vertreter ihrer
Wortart mag aus didaktischer Sicht verständlich sein. Aus der Perspektive des
Sprachsystems und vor allem der Sprachgeschichte ist sie jedoch zu relativieren.
Sie gilt nur, wenn man einen sehr engen Begriff von „Regelmäßigkeit" zugrunde
legt.[25] Denn entgegen dem ersten Anschein weisen die starken Verben, wie auch
die obigen Definitionen zeigen, durchaus eine gewisse Regularität in ihren Bil-
dungsmustern auf, und zwar nicht nur in diachroner, sondern auch in synchroner Hinsicht. So konstatiert die RAE im (schon älteren) *Esbozo*: „… todos los
verbos fuertes se ajustan a un modelo temático especial que es estrictamente
regular."[26] Ähnlich formuliert Peter Eisenberg mit Bezug auf das Deutsche,
dass die starken Verben sich „in teilweise großen Gruppen vollkommen gleich
verhalten und an produktiven Wortbildungsmustern teilhaben."[27] Ordnet man
die Gesamtheit der Verben nach dem Kriterium der Regelmäßigkeit in einem
Kontinuum an, so dürften die starken Verben im Spanischen wie im Deutschen eher in der Mitte der Skala einzuordnen sein als am Pol der maximalen
Unregelmäßigkeit. Es bleibt allerdings das Problem, dass die bei diesen Verben geltenden Regeln komplexer und für den linguistisch nicht vorgebildeten
Betrachter schwerer durchschaubar sind als jene der „schwachen" Verben – und
zwar sowohl in Bezug auf die Bildung der Formen.

---

24 Vgl. *NGLE*, 326–335 (= 4.16 „Índice alfabético de verlos irregulares"): Zu vergleich-
    baren Vorgehensweisen in Grammatiken des Deutschen vgl. etwa Götze/Hess/
    Lüttich 1999, 24 und 30.
25 In älteren Versionen der RAE-Grammatik war dies der Fall. Vgl. Obernesser 2000,
    179: „Unter einem regelmäßigen Verb versteht die *RAE* ein Verb, das einem der drei
    Konjugationsmodelle *amar*, *temer* und *partir* entspricht bzw. in dem die Verbbasis
    in allen konjugierten Zeiten unverändert bleibt."
26 RAE 1981, 256. Ähnlich mit Blick auf das Altkastilische schon Lanchetas 1900,
    863: „Verbos llamados irregulares. Estos verbos se llaman así porque en su
    constitución morfológica se rigen por leyes especiales que no han intervenido en
    los regulares."
27 Eisenberg 2013, 179.

2 Formen des *pretérito perfecto simple* im heutigen Spanisch: Bestandsaufnahme

Die gängigen Grammatiken des heutigen Spanisch enthalten meistens eine Auflistung der Verben mit starkem *pretérito perfecto simple*, während eine vergleichbare Darstellung der Gruppe mit dem schwachen Konjugationsmuster gewöhnlich fehlt. Der Grund liegt in der Tatsache, dass die (einfachen, d.h. nicht abgeleiteten) spanischen Verben mit starkem *pretérito perfecto simple* eine zahlenmäßig kleine, relativ überschaubare Gruppe bilden. Die schwachen, meist als „regelmäßig" dargestellten Vertreter dieser Wortart sind zu zahlreich, um im Rahmen einer Grammatik überschaubarer Größe dargestellt zu werden. Hinzu kommt, dass bei dieser Verbgruppe die Bildung von *pretérito* und *participio pasado* relativ einfachen Regeln unterliegt, die anhand weniger Beispiele hinreichend erklärt werden können. Allerdings bleiben in den meisten Grammatiken die abgeleiteten Formen mit *pretérito perfecto simple* unerwähnt.

In der folgenden Darstellung werden die einfachen (nicht abgeleiteten) Wörter und die auf ihnen basierenden Derivatformen getrennt voneinander beschrieben.

2.1. Einfache Verben mit starkem *pretérito perfecto simple*

Bei der Auflistung der einfachen starken Verben kommen die Grammatiken zu stark unterschiedlichen Ergebnissen. So nennt die 2009/2010 erschienene Grammatik der Real Academia (*NGLE*), die als Orientierungswerk für die aktuelle Normsprache gelten kann, nur 13 Verben mit starkem *pretérito perfecto simple*. Diese werden in drei Gruppen eingeteilt, wobei der im *pretérito* auftretende Stammvokal als Unterscheidungsmerkmal dient. Zitiert wird jeweils die *pretérito*-Form der 3. Person:

PRETÉRITOS FUERTES CON VOCAL /a/ EN LA RAÍZ:
traer ...: ... trajo;
PRETÉRITOS FUERTES CON VOCAL /i/ EN LA RAÍZ:
decir ...: ... dijo;
hacer ...: ... hizo;
querer ...: ... quiso;
venir ...: ... vino;

PRETÉRITOS FUERTES CON VOCAL /u/ EN LA RAÍZ:
andar …: …: *anduvo;*
caber …: … *cupo;*
estar …: … *estuvo;*
haber …: … *hubo;*
placer …: … *plugo;*
poder …: … *pudo;*
poner …: … *puso;*
tener …: … *tuvo.*[28]

Das Verb *saber*, welches das *pretérito fuerte* auf dieselbe Weise bildet wie *caber*, *hacer* oder *placer*, wurde bei der Erstellung der Liste offensichtlich übersehen. In der älteren, 1999 erschienenen *Gramática descriptiva de la lengua española* (*GDLE*) von Bosque und Demonte wurde es hingegen noch genannt. In dem besagten Werk wurde auch *responder* (Präteritum *respuse/respuso*) zur Gruppe der starken Verben gerechnet.[29]

Die meisten übrigen Grammatiken des heutigen Spanisch geben ebenfalls nur eine niedrige Zahl von einfachen Verben mit starkem *pretérito perfecto simple* an. Ich nenne nur zwei Beispiele:

– Emilio Alarcos Llorach listet in seiner *Gramática de la lengua española* (erschienen 1994)[30] insgesamt 15 Vertreter dieser Kategorie auf: *hacer, venir, haber, poder, conducir, traer, decir, querer, caber, saber, poner, tener, placer,* sowie (mit Einschränkungen): *responder, andar.* Die Aufzählung von Alarcos Llorach enthält somit zwei Verben (*conducir* und *responder*), die in der *NGLE* nicht genannt werden.

– Jacques de Bruyne nennt in seiner Grammatik, die vor allem im niederländischen und im deutschen Sprachraum bekannt ist, 21 Verben mit starkem *pretérito perfecto simple* (*andar, caber, conducir, decir, deducir, estar, haber, hacer, introducir, poder, poner, producir, querer, reducir, saber, satisfacer, seducir, tener, traducir, traer, venir*).[31] Anders als in der *NGLE* sind hier das

---

28 Vgl. *NGLE*, 240 f. (= 4.12d). Auch Hönigsperger 1992, 89, beziffert die Zahl der starken Verben (die sie nicht so benennt) mit 13. In ihrer Auflistung fehlt *estar*; dagegen ist das Verb *saber*, das in der RAE-Grammatik fehlt, aufgeführt. Zu den Ableitungen, die in der *NGLE* zusammen mit den einfachen Verben aufgeführt werden, vgl. in der vorliegenden Darstellung Kap. 2.2.

29 *GDLE*, 4967 (= 75.7.4.3.).

30 Alarcos Llorach 1994, 186 f. (§ 250). Das Werk wurde bekanntlich im Auftrag der Real Academie verfasst, dann aber nicht als offizielles RAE-Werk veröffentlicht.

31 De Bruyne 1993, 390 (§ 976).

Verb *saber* und der Kultismus *satisfacer* berücksichtigt. Außerdem sind acht Ableitungen von lat. DŪCĔRE in der Aufzählung enthalten – wohl weil diese Wörter heute bei synchroner Betrachtung nicht mehr als abgeleitete Verben zu betrachten sind. Allerdings sollten dann konsequenterweise auch *abducir, aducir* und *inducir* genannt werden. Sie alle bilden starke (stammbetonte) Formen des *pretérito perfecto simple*.

Außer in den Grammatiken wird das Inventar der starken Verben zuweilen auch in spezialisierten Untersuchungen angesprochen. So geht etwa Javier Elvira in seiner Studie zur Rolle der Analogie im sprachlichen Wandel von „algo más de una docena de verbos [con *pretérito perfecto fuerte*]" aus („*caber, decir,* la serie *-ducir, estar, haber, hacer, poder, poner, querer, saber, tener, traer* y *venir*"[32]). Er verweist zusätzlich auf eine kleine Gruppe weiterer Verben, die sich trotz diverser Übereinstimmungen durch bestimmte morphologische Besonderheiten von den übrigen Verben mit starkem *pretérito perfecto simple* unterscheiden:

> A ellos conviene añadir el verbo *andar*, que ha sido atraído analógicamente al modelo fuerte, así como los verbos *ir, dar* y *ver*, a los que se considera fuertes con cierta incoherencia, pues, si bien es verdad que su condición monosilábica excluye otra acentuación diferente de la rizotónica, no es menos cierto que las desinencias que utilizan (*-í, -iste, -ió, -imos, -isteis, -ieron*) son iguales a los que utilizan otros verbos regulares.[33]

Nach den Kriterien der *NGLE* können die von Elvira genannten Beispielwörter allerdings nur bedingt zu den Verben mit starkem *pretérito* gerechnet werden. So sind die Formen der 1. und der 3. Person von *dar* und *ver* zwar einsilbig; ein Unterschied zwischen Stamm- und Endungsbetonung ist damit nicht mehr erkennbar.[34] Allerdings enthält die dritte Person des *pretérito* (*dió* bzw. *vió*) heute die betonte Vokalfolge *-ió*, die ansonsten nur bei bestimmten schwachen Verben vorkommt. Die historische Betrachtung zeigt, dass einige dieser Verben in früheren Stadien der Entwicklung über starke Formen des *pretérito* (zumindest der dritten Person) verfügten (z.B. *ver*: die ursprünglich gegebene Form lautete *vido*; sie wurde später durch *vió* ersetzt). Es hat hier also ein Übergang

---

32   Elvira 1998, 126.
33   Elvira 1998, 126.
34   Vgl. Luquet 1996, 406. Luquet kritisiert, dass zuweilen auch *ser* und *ir* zu den starken Verben gerechnet werden. Dies ist nicht nur aus Luquets Sicht unangebracht, da es sich um Suppletivverben handelt, die der Definition der „starken" Verben nicht entsprechen („tienen la particularidad de no ser ni fuertes ni regulares", ebd.).

zur Gruppe mit schwacher *pretérito*-Konjugation stattgefunden (vgl. Kap. 3). Das Verb *ir* schließlich weist *pretérito*-Endungen auf, die bei den starken Verben nicht vorkommen (*fui, fue*). Als Suppletivverb gehört es ohnehin einer Gruppe an, die gewöhnlich als eigene Kategorie gezählt wird.

Es fällt auf, dass in der Liste der „einfachen" starken Verben nur zwei Verben vertreten sind, bei denen der Infinitiv auf -*ar* endet (*andar, estar*).[35] Bei denen mit Infinitiv auf -*ir* handelt es sich, abgesehen von *decir* und *venir*, vor allem um die DŪCĔRE-Derivate. Alle übrigen starken Verben gehören (mit den Einschränkungen, welche die Bildung des *pretérito* betreffen) der zweiten Konjugation an (*caber, haber, saber, tener …*).

Auf eine interessante, wenn auch sicher näher zu diskutierende Besonderheit der spanischen Verben der zweiten Konjugation hat T. Montgomery hingewiesen. Seiner Ansicht nach weisen sie vielfach einen „valor semánticamente estativo" auf, der allerdings im Laufe der historischen Entwicklung zunehmend an Geltung verloren hat.

> Estos verbos no expresan propiamente acciones, sino estados que no implican principio y fin y son, por consiguiente, aspectualmente imperfectivos [...] La preferencia de la estatividad por instalarse en la segunda conjugación es estadísticamente verificable [...] Nos encontramos aquí con un caso más de clase configurada con criterios semántico-sintácticos que determina desmotivándose con el tiempo.[36]

Für die hier behandelten Fragen ist relevant, dass die besagten Charakteristika u.a. für einige Verben mit starkem *pretérito prefecto simple* gelten, wie z.B. *tener, saber, querer* und zusätzlich für eine Reihe anderer Wörter, die heute zwar schwach konjugiert werden, die in älterer Zeit aber noch der Gruppe mit starkem *pretérito* angehörten. Als definitorisches Merkmal kann dieses semantische Charakteristikum allerdings nicht gelten; denn es ist weder auf die Verben der zweiten Konjugation beschränkt, noch gilt es für alle Wörter dieser Gruppe.

2.2. Abgeleitete Verben mit starkem *pretérito perfecto simple*

Ein deutlich anderer Eindruck von der Rolle der starken Verben im Wortschatz des heutigen Spanisch ergibt sich, wenn man zusätzlich zu den Simplicia die

---

35 Montgomery 1978, 912, führt dies auf semantische Gründe zurück (vgl. Kap. 4).
36 Nach Elvira 1998, 164 f. Elvira weist auch darauf hin, dass Analoges bereits für die zugrundeliegenden lateinischen Verben galt (ebd., Anm. 12). Vgl. auch Cano Aguilar 2004, 84.

abgeleiteten Formen einbezieht. Die Zahl der Verben mit starkem *pretérito perfecto simple* stellt sich in diesem Fall deutlich größer dar, als dies die Aufzählungen der starken Verben in den kleineren Grammatiken vermuten lassen. Beispielhaft ist demgegenüber die Darstellung in der *NGLE*, die eine umfangreiche Liste enthält. Genannt werden die folgenden Wörter (wiederum geordnet nach dem jeweils im *pretérito perfecto simple* realisierten Stammvokal):[37]

PRETÉRITOS FUERTES CON VOCAL /a/ EN LA RAÍZ:

– Ableitungen von *traer*: *abstraer, atraer, contraer, detraer, distraer, extraer, maltraer, retraer, retrotraer* und *sustraer*;

PRETÉRITOS FUERTES CON VOCAL /i/ EN LA RAÍZ:

– Ableitungen von *decir*: *bendecir, condecir, maldecir, predecir, redecir*;
– Ableitungen von *hacer*: *contrahacer, deshacer, rehacer*;
– Ableitungen von *querer*: *benquerer, malquerer*;
– Ableitungen von *venir*: *avenir, contravenir, convenir, desavenir, desconvenir, devenir, intervenir, prevenir, provenir, reconvenir, revenir, sobrevenir*;

PRETÉRITOS FUERTES CON VOCAL /u/ EN LA RAÍZ:

– Ableitung von *andar*: *desandar*;
– Ableitung von *placer*: *complacer*;
– Ableitungen von *poner*: *anteponer, aponer, componer, contraponer, descomponer, disponer, entreponer, exponer, imponer, interponer, oponer, posponer, predisponer, preponer, presuponer, proponer, recomponer, reponer, sobreponer, suponer, tra(n)sponer*,[38]
– Ableitungen von *tener*: *abstener, atener, contener, detener, entretener, mantener, obtener, retener, sostener*.

Wiederum ist die Aufzählung der *NGLE* nicht vollständig. So nennt etwa das *DCECH* zusätzlich noch diverse weitere, allerdings z.T. weniger gebräuchliche Ableitungen von Simplexverben mit starkem *pretérito perfecto simple*. Zu diesen gehören u.a. zwei weitere Derivate von *poner* (*deponer* und *yuxtaponer*)[39]

---

37 Vgl. *NGLE*, 240 f. (= 4.12d).
38 Die im Vergleich zur *NGLE* ältere *GDLE* nennt als einzige Ableitung von *poner* das Verb *reponer* (4967 = 75.7.4.3.).
39 Vgl. *DCECH* IV (unter *poner*) bzw. III (unter *junto*).

und das zu *decir* gehörige *contradecir,* ferner *reproducir* (zur DŪCĔRE-Ableitung *producir*) sowie das schon in Kap. 2.1. erwähnte, historisch mit *hacer* verknüpfte Verb *satisfacer.*[40] Das zuletzt genannte Verb kann, da es keine Ableitung von einer aktuellen spanischen Simplexform darstellt, analog zu den Ableitungen von lat. DŪCĔRE zu den einfachen Formen statt zu den Derivaten gezählt werden (in diesem Sinne verfährt die Grammatik von de Bruyne, vgl. oben).[41] Hingegen gehört das Verb *reproducir,* das von Jacques de Bruyne ebenfalls in seiner Aufzählung genannt wird, zu den Derivatformen.

Die Gesamtzahl der Verben des heutigen Spanisch mit starkem Präteritum lässt sich kaum präzise angeben. Sie beläuft sich, wenn wir uns auf die Angaben der *NGLE* stützen und die oben genannten Ergänzungen einbeziehen, auf insgesamt 95, dürfte aber faktisch die 100 überschreiten. Diese Ziffer ist hoch genug, um die Verben mit starkem *pretérito perfecto simple* im Spanischen nicht als Ausnahmephänomen einzustufen. Eine quantitative Vergleichbarkeit z.B. mit dem Deutschen ist dennoch ganz und gar nicht gegeben: Zum deutschen Wortschatz gehörten nach Gerhard Augst und Andreas Bittner am Ende des 20. Jahrhunderts allein zwischen 169 und 175 einfache (nicht abgeleitete) Verben mit starker Präteritumskonjugation.[42] In den von Augst und Bittner erstellten Listen für das Deutsche tauchen zwar auch Verben wie *befehlen, empfehlen, verderben* usw. auf; diese können aber nur in historischer Perspektive als Derivatformen gelten (ähnlich wie span. *conducir, deducir* usw., vgl. oben). Würden die „echten" Ableitungen mitgezählt (was hier nicht versucht werden soll), wäre die Liste der deutschen Verben mit starkem Präteritum wahrscheinlich um ein Mehrfaches umfangreicher.

Sowohl für das Spanische als auch das Deutsche gilt allerdings, dass die Zahl der Verben mit „schwachem" Präteritumsformen um ein Vielfaches höher ist als die des „starken" Typus. Was das Deutsche betrifft, so gehören nach Klaus-P. Wegera „über 95 %" der deutschen Verben der Gruppe mit schwacher

---

40   Vgl. *DCECH* II (unter *decir*) bzw. I (unter *aducir* und *asatz*). Die Rückführung von *satisfacer* auf prov. *asatz* statt auf lat. *satisfacere* ist m.E. nicht nachvollziehbar.

41   Teilweise ist aufgrund von Lautentwicklung und Beleglage nicht eindeutig festzustellen, ob die Ableitungen in romanischer Zeit entstanden sind oder ob sie auf lateinische Derivatformen zurückgehen. Für die hier behandelte Thematik ist entscheidend, ob die Sprachgemeinschaft einen Zusammenhang zwischen den aktuellen einfachen Verben und den Ableitungen sieht.

42   Vgl. Augst 1977, 153–160, und Bittner 1996, 82–102. Bittner bezeichnet mehrere Verben als Zweifelsfälle, was die Divergenz der Zahlen bei den beiden Autoren teilweise erklärt.

Präteritumsbildung an.[43] Für das Spanische scheinen keine Zahlenwerte vorzuliegen; der Anteil der schwachen Verben am Gesamtwortschatz dürfte aber noch höher liegen als im Deutschen.

---

43   Wegera 1985, 1507.

3 Historische Entwicklung der *pretérito-perfecto-simple*-Formen: Darstellung

Der quantitative Vergleich der starken und der schwachen Verben ist vor Allem von Interesse, wenn er um die historische Perspektive erweitert wird. Das Spanische verfügt heutzutage, um mit einer wichtigen Feststellung zu beginnen, über wesentlich weniger Formen mit starkem *pretérito perfecto simple* als in vergangenen Jahrhunderten. Profitiert von dieser Entwicklung haben erwartungsgemäß die schwachen Verben, deren Zahl im Vergleich zu früheren Zeiten deutlich zugenommen hat. Diese Entwicklung soll im Folgenden, ausgehend vom Lateinischen, quer durch die verschiedenen Epochen nachgezeichnet werden.

3.1. Latein

Das Nebeneinander von starken und schwachen Präteriumsformen ist keine Neuerung aus romanischer Zeit. Eine vergleichbare Unterteilung des Verbalwortschatzes ist in den älteren Stufen aller indoeuropäischen Sprachen, so auch bereits im Latein nachweisbar. Die Gegebenheiten in diesem Bereich der lateinischen Grammatik sind allerdings – wie das gesamte morphologische System dieser Sprache – hochgradig komplex. Im Folgenden sollen nur einige Einzelaspekte aufgezeigt werden, die für die spätere Entwicklung im Spanischen relevant sind.

Das klassische Latein verfügt bekanntlich über vier Grundkonjugationsklassen des Verbs, deren Systematik und Geschichte in den großen Grammatiken ausführlich beschrieben werden.[44] Im Zusammenhang hiermit spielt auch die Abgrenzung der starken und der schwachen Verben eine Rolle. Hierbei finden allerdings durchaus unterschiedliche Kriterien Verwendung. Ich folge hier dem Ansatz Alfred Ernouts, der die Bezeichnung „schwaches Perfekt"[45] nur auf die Formen mit *-vī* anwendet:

> Le latin n'a pas une façon unique de former le parfait. Il a hérité en effet de deux formations anciennes (parfait à redoublement, parfait à alternances vocaliques); il a

---

44 Differenzierte Darstellung zur Geschichte der unterschiedlichen Flexionsklassen z.B. bei Leumann 1977, 518 f.

45 Zur Verwendung des Terminus Perfekt in der Altphilologie vgl. oben, Kap. 1.

développé en outre une forme déjà existante [...] (en -*sī*); enfin il a créé une forme nouvelle (le parfait en -*vī* ou parfait faible) [...][46]

Der finnische Latinist und Romanist Veikko Väänänen und der britische Hispanist Ralph Penny vertreten ähnliche Standpunkte:

Pour la formation, on distingue 1) le parfait dit faible, c'est-à-dire accentué sur la voyelle thématique ou sur la désinence à toutes les personnes et caractérisé par le suffixe „*v*-(*amavī, delevī, audivī*); 2) le parfait fort, c'est-à-dire accentué sur le radical aux 1re et 3e pers. sg. et la 3e pers. pl.: a) -*uī* ([...] *monuī* [...], b) -*sī* (dit parfois sigmatique [...]), par ex. *clausī* [...], *dixī* [...]c) sans suffixe, généralement avec simple alternance de la voyelle du radical, par rapport au présent (*lego* – *lēgī, video* – *vīdī* [...], et 3) le parfait à redoublement, par ex. *cado* – *cecidī, curro* – *cucurrī* [...][47]

[...] hay que distinguir dos grandes clases de perfectos latinos. En primer lugar, la gran mayoría de verbos en -ĀRE e -ĪRE tenían desinencias que siempre iban acentuadas (perfectos *débiles* o *arizotónicos*, como AMĀVĪ, AUDĪVĪ, etc.). En segundo lugar, casi todos los verbos en -ĒRE y -ĔRE llevaban el acento en el radical en algunas formas de sus paradigmas; este tipo de paradigma se denomina *fuerte*, e incluye diversas formas rizotónicas (las que lleva[n] el acento en el radical): HabuĪ, dĪxĪ, fĒcĪ, dĒdĪ, etc. [...][48]

Die Definition Pennys stellt ähnlich jener, die in Bezug auf das heutige Spanisch zur Anwendung kommt (vgl. die Formulierung der *NGLE*, Kap. 1) die Betonung der Perfektformen in den Mittelpunkt der Abgrenzung der beiden hier behandelten Gruppen (Stammbetonung bei den starken Verben vs. Betonung des Themavokals bei den schwachen). Nach diesem Kriterium sind auch die lateinischen Verben mit sigmatischem Perfekt und jene mit „redoublement" (ich verwende die Terminologie Ernouts) zur starken Gruppe zu rechnen.[49] Für die hier beschriebene Einteilung der lateinischen Verben entscheiden sich u.a.

---

46 Ernout 1953, 187.
47 Väänänen 1967, 151 (§ 331). Vgl. auch die Darstellung bei Meyer-Lübke 1894, 298, Meyer-Lübke 1901, 157–161 (§ 162–165), und bei Nyrop 1968, 138.
48 Penny 2008, 248. Ähnlich auch de Dardel 1958, 29. – Der Text Pennys wird in der vorliegenden Studie durchgängig in der spanischen Übersetzung zitiert.
49 In Bezug auf die Verben mit reduplikativem Perfekt stimmt Pennys Definition mit jener des Latinisten Leumann überein: „Die sog. starken [Perfekta] sind gebildet entweder mit praefigierter Reduplikationssilbe (*pe-pendit* zu praes. *pend-it* ‚wägt') oder mit Wechsel der Stammgestalt gegenüber dem Präsens (*sēd-it cēp-it rūp-it* neben praes. *sĕdeo capio rumpo*) ..." (Leumann 1975, 585). Die Verben mit sigmatischem Perfekt hingegen rechnet Leumann, der andere Definitionskriterien verwendet, zur schwachen Gruppe (vgl. ebd.).

auch Manuel Alvar und Bernard Pottier in ihrer Gesamtdarstellung der morphologischen Entwicklung des Spanischen.[50]

Die Morphologie der lateinischen Verben erfährt im Verlauf der Jahrhunderte umfassende Veränderungen. Diese treten z.T. auch in der Schriftsprache zutage, die z.B. in Forcellinis *Totius Latinitatis Lexicon* und im *Thesaurus Linguae Latinae* umfassend dokumentiert ist.[51] Eine systematische Erfassung der Wandlungsprozesse wird allerdings durch die Vielfalt der auftretenden Formen erschwert.[52] Für die gesprochene Sprache sind noch weiterreichende Wandlungen anzunehmen; jedoch können diese wegen der ungünstigen Beleglage meist nur indirekt (über die romanischen Sprachen) rekonstruiert werden. Immerhin sind bestimmte Veränderungstendenzen schon in lateinischer Zeit nachweisbar. So tritt die reduplikative Perfektbildung, die im Lateinischen immer schon eine untergeordnete Rolle gespielt hat, schon frühzeitig zugunsten anderer Konjugationsmuster zurück: „Le parfait à redoublement est en latin un archaïsme en voie de disparition."[53] Hiervon profitiert haben andere Typen der starken Konjugation:

> […] los perfectos en -*ui* y los llamados sigmáticos en -*si* […] alcanzaron una enorme productividad en latín hablado, y terminaron absorbiendo a antiguos perfectos reduplicados o de alternancia radical.[54]

Die reduplikativen Formen sind im Latein auf die Simplicia beschränkt; die präfigierten Ableitungen der betroffenen Verben bilden schon in klassischer Zeit das Perfekt auf andere Weise. Hier einzuordnen ist der häufig zu beobachtende Wechsel zur Bildung des Perfekts mit -*sī* (Beispiel: Simplexform *momordī*, aber abgeleitete Form *praemorsī*[55]). Die sigmatischen Formen scheinen hierbei besonders erfolgreich zu sein; zuweilen ersetzen sie auch die ansonsten weit verbreiteten Formen auf -*ui* (schon in klassischer Zeit *sorpsī* statt *sorbuī*).[56]

---

50 Vgl. Alvar/Pottier 1987, 255 f.

51 *ThLL*, Forcellini. Der *ThLL* ist allerdings noch nicht vollständig erschienen.

52 Der Debrunner-Schüler Frederick Banta geht so weit, zu behaupten: „Ein allen Formen passendes Schema müßte fast so viele Unterabteilungen haben, wie es einzelne Verben gibt" (Banta 1952, 4).

53 Ernout 1953, 280. Einige reduplikative Formen sind allerdings mit Modifikationen im Spanischen erhalten geblieben. Alvar/Pottier nennen *stare* (lat. *stětī* > altkast. **estide*) und *dare* (lat. *dědī* > altkast. *dey/diey/di*; analog hierzu *andide*; vgl. Alvar/Pottier 1987, 256 f.).

54 Elvira 1998, 156.

55 Vgl. Ernout 1953, 198, sowie Alvar/Pottier 1987, 261. Georges 1983 führt anstelle von *praemorsī* die Form *praemordī* an.

56 Meyer-Lübke 1901, 160 (§ 165; dort auch weitere Beispiele).

Wichtiger für die hier behandelte Thematik als jene Wandlungen, die sich innerhalb der Gruppe der starken Verben abspielen, sind jedoch die Übergänge vom starken zum schwachen Konjugationsmuster. Nach Alfred Ernout und André Lanly erweisen sich die Verben mit schwacher Perfektkonjugation, obwohl dieses Muster historisch das jüngere darstellt, im Vergleich zu den starken Vertretern der Wortart schon in klassischer Zeit zunehmend als die produktiveren.[57] Vor allem in der gesprochenen lateinischen Sprache treten, wie aus den romanischen Nachfolgeformen ersichtlich wird, zahlreiche Fälle des Überwechselns starker Verben in die Gruppe mit schwacher Perfektkonjugation auf. Als Beispiele sind verschiedene Vertreter dieser Wortart mit *u*-Perfekt zu nennen (*salīre*: *saluī* > **salīvī*; *sentīre*: *sensī* > **sentīvī*; *aperīre*: *aperuī* > **aprīvī*).[58] Immer geschieht dies allerdings nicht; vgl. *habere/habuī, debere/debuī, posse/potuī* und *velle/voluī*. Die sigmatischen Perfektformen hingegen bleiben überwiegend erhalten; die entsprechenden Verben werden damit zur Hauptgruppe des „starken" Typus, die dann als solche in die romanischen Sprachen übergeht:

> La seule catégorie du parfait fort nettement représentée dans les langues romanes est celle du parfait sigmatique.[59]

Vereinzelt ist im Latein das „Nebeneinander mehrerer Perfekta"[60] nachweisbar. Als Beispiel kann die Flexion von *sapĕre/sapēre* dienen. Hier sind Manu Leumann zufolge im nachklassischen Latein sowohl schwache (*sapīvī*) als auch starke Perfektformen (*sapuī*) belegt.[61]

---

57   Zu Ernout vgl. das zu Beginn des Kapitels wiedergegebene Zitat (1953, 187). Lanly 2002, Anm. 1, bemerkt: „... en latin ces types en -vi, de création relativement récente, avaient connu une grande extension."

58   Vgl. Nyrop 1968, 133 (§ 170), sowie Väänänen 1967, 153 (§ 336–337).

59   Väänänen 1967, 153 (§ 338). Väänänen nennt als Beispiele *dīxī, mīsī, (re)mansī*. Im Altkastilischen sind die Nachfolgeformen in der Tat noch stark; auf dem Weg zum Neuspanischen haben *meter* und *remanir/remanecer* jedoch das schwache Konjugationsmuster übernommen. Vgl. auch Tagliavini 1973, 207.

60   Vgl. z.B. Leumann 1977, 605. Zu den Schwierigkeiten der Interpretation bestimmter belegter Formen auf -v- vgl. Meyer-Lübke 1901, 158 f. (§ 163).

61   Leumann hält auch eine Form **sēpī* für möglich (1977, 610). Meyer-Lübke vermutet, dass *quaesīvī* „aus [dem Partizip] *quaesītus* neu geschaffen worden ist" (Meyer-Lübke 1901, 161, § 166). Folglich könnte die starke Perfektform älter als die schwache sein (vgl. ebd.).

3.2. Altkastilisch: Bestandsaufnahme

Wir kommen zum Altspanischen bzw. Altkastilischen. Das Kastilische verfügte in mittelalterlicher Zeit über deutlich mehr Verben mit starkem *pretérito perfecto simple* als in der Gegenwart.[62] Eine detaillierte, wenn auch nicht vollständige Auflistung findet sich u.a. in der *Gramática historica del español* von Ralph Penny. Der Autor ordnet die „verbos rizotónicos" des Altkastilischen nach dem Vokal des Stamms im *pretérito* und kommt so zu einer Einteilung in vier Gruppen, die in ihrer Gesamtheit 38 einfache, nicht-abgeleitete Verben umfassen. Penny nennt (anders als die moderne *NGLE*, vgl. Kap. 2.1.) in seiner Auflistung nicht die jeweilige *pretérito*-Form der 3., sondern die der 1. Person:[63]

– Verben mit dem Vokal /a/ in den *pretérito*-Formen: *na(s)cer* (*nasque/ nasco*), *raer* (*raxe*), *remanir* (*remase*), *tañer* (*tanxe*), *traer* (*traxe*[64]);

– Verben mit dem Vokal /i/: *ceñir* (*cinxe*), *dezir* (*dixe*), *escrevir/escrivir* (*escrise*), *estar* (*estide*[65]), *exir* (*yxe*), *fazer* (*fize*), *meter* (*mise*), *prender* (*prise*), *querer* (*quise*), *reír* (*rise/rixe*), *teñir* (*tinxe*), *ver* (*vide/vi*), *venir* (*vine*);

– Verben mit dem Vokal /o/:[66] *andar* (*andove*[67]), *atrever(se)* (*atrove*), *aver* (*ove*), *caber* (*cope*), *cozer/cocer* (*coxe*), *crecer/crescer* (*crove*), *creer* (*crove*), *estar* (*estove*), *plazer* (*plogue*), *saber* (*sope*), *seer* (*sove*), *tener* (*tove*), *traer* (*troxe*), *yazer* (*yogue*);

---

62 Zur eigenartigen lautlichen Entwicklung der 3. Person Singular vgl. Zauner 84, § 123: „... die 3. [Person] sollte keine Endung haben, hat aber schon in den ältesten Texten unbetontes -o angenommen, und zwar nach dem Vorbilde der u-Perfekta, wo es lautgesetzlich war (...)." Vgl. auch Lathrop 1995, 186: „La -*o* átona final es un rasgo general de todos los perfectos ‚fuertes' en español (excepto *fue*)."

63 Penny 2008, 255–263. Anders als Penny, der jeweils von der 1. oder 3. Person des *pretérito perfecto simple* ausgeht, führe ich im Interesse der besseren Lesbarkeit die Infinitivformen als erste an. Die Entscheidung zugunsten der 3. Person ist darin begründet, dass diese Form in den Texten häufiger belegt ist als die 1. Person.

64 Bei Berceo ist auch die starke Form *trasco* belegt (*Libro de Alixandre*, c. 305c).

65 Die Form geht zurück auf lat. *stetit*. Vgl. Lanchetas 1900, 883.

66 Die von Penny vorgenommene Einteilung der Verben in die Gruppe derer mit /o/ bzw. mit /u/ im Stammvokal des *pretérito perfecto simple* ist problematisch: Viele Verben treten in den Texten in beiden Realisierungen auf (z.B. das erste Verb der Gruppe mit /o/ (*andar*): Neben *andove* ist auch *anduve* belegt. Ich behalte die Trennung jedoch der besseren Übersichtlichkeit wegen bei.

67 Zur lautlichen Entwicklung der Perfektform von *andar* vgl. wiederum López Bobo 1996.

– Verben mit dem Vokal /u/: *aduzir (aduxe), cono(s)cer (conuve), destruir (destruxe), enduzir/induzir (enduxo), fuir (fuxe), poder (pude), poner (puse), responder (respuse)*.

Die Zahl der nicht-abgeleiteten Verben mit starkem *pretérito perfecto simple* ist in altkastilischer Zeit damit nach Penny deutlich höher als im Neuspanischen (dort umfasst die Liste maximal 26 Wörter; vgl. wiederum Kap. 2.1.).

Eine Reihe der hier aufgeführten Verben tritt im *pretérito perfecto simple* in altkastilischer Zeit in unterschiedlichen phonetischen Realisierungen auf. Angesichts der starken diatopischen Variation und des Fehlens einer präskriptiven Norm ist dies nicht verwunderlich. In der Liste Pennys wird die phonetische Uneinheitlichkeit allerdings nur andeutungsweise deutlich (so bei *traer: traxe/troxe*[68] und bei *estar: estide/estove*[69]). Nicht eindeutig ist vor allem die Zuordnung der Verben, die durch Penny der Gruppe mit dem Vokal /o/ zugewiesen werden. Diese sind teilweise auch mit /u/ im Stamm belegt.[70] So kommt etwa das von Penny als *aducir/aduzir* aufgeführte Verb im Altkastilischen auch (oder sogar vorwiegend) in der Form *adozir* vor (vgl. *DME*).

In die Liste der (einfachen) altkastilischen Verben mit starkem *pretérito perfecto simple* sind wiederum diverse Wörter nachzutragen. Ich ordne diese wieder nach dem Stammvokal in der *pretérito*-Form:

– Verben mit dem Vokal /i/: *dar (di)*,[71] *vivir (visque/visco)*,[72]
– Verben mit dem Vokal /u/: *conducir (conduje), introducir (introduje), producir (produje), reducir (reduje), traducir (traduje)*.

---

68 Maiden 2001, 447, verweist auf eine bemerkenswerte phonologische Besonderheit der heutigen starken Verben des Spanischen: „PYTA verbs assume a commun phonological shape, resembling each other more and more ... Virtually all modern PYTA roots contain high vowels [i] or [u]." Er stellt *traer (traje/trajo)* als einzige Ausnahme heraus. Für die heutige Zeit, auf die Maiden sich bezieht, ist diese Feststellung zutreffend. In altkastilischer Zeit hingegen trifft sie für die Formen von *traer* nicht zu. *Traer* hat sich also entgegengesetzt zum phonologischen Trend entwickelt. PYTA = „perfecto y tiempos afines."

69 Zu den lautlichen Varianten der Perfektformen von *estar* und ihrer Entstehung vgl. López Bobo 1996.

70 Beispiele bei Metzeltin 1979, 80 f. Zahlreiche Beispiele auch bei Schede 1987.

71 Die Einstufung von *dar* als starkes Verb ist problematisch; vgl. Kap. 2.

72 *Di* nach García de Diego 1970, 249; *visque* nach Metzeltin 1979, 80 f., und Menéndez Pidal 1980, 317.

Wie die Auflistung zeigt, sind viele der starken Verben auf dem Weg ins Altkastilische (oder bereits im Latein) in eine andere Konjugationsklasse übergewechselt. Sie gehören heute zum großen Teil jener auf -*ir* an (*dezir* < DĪCĔRE, *escrevir*
< SCRĪBĔRE, die Serie auf -*ducir* < lat. DŪCĔRE usw.).

Die Ableitungen von lat. DŪCĔRE sind fast alle erst relativ spät belegt. Eine
Ausnahme bildet *aducir/adozir*: Hier führt das *DCECH* als älteste Belegstelle
das *Poema de Mio Cid* an. Das heute deutlich häufigere *conducir* hingegen ist
nach Auskunft desselben Wörterbuchs erst seit Juan de Mena nachweisbar.[73]
Laut *DCECH* sind die Ableitungen von lat. DŪCĔRE überwiegend gelehrten
Ursprungs („casi todos cultismos con algunas excepciones"[74]). Letztendlich
wird die Frage des erb- oder buchwörtlichen Ursprungs in der vorliegenden
Untersuchung nicht zu klären sein. Es ist zudem denkbar, dass Einflüsse aus
dem Gelehrtenlatein nicht ohne Folgen für die *pretérito*-Bildung geblieben sind.

Die Zahl der einfachen altkastilischen Simplexverben mit starkem *pretérito* beträgt, wenn wir die die DŪCĔRE-Ableitungen einbeziehen, mindestens
50 (hierbei werden die Wörter mit phonetischer Alternation natürlich jeweils
nur einmal gezählt). Sie ist damit mehr als doppelt so hoch wie der der neuspanischen starken Simplex-Verben (26 Wörter; wiederum unter Einschluss der
Nachfolgeformen von lat. DŪCĔRE; s. Kap. 2).

Es fällt auf, dass fast alle einfachen altspanischen Verben mit starkem *pretérito,* die in der Liste Pennys genannt werden, auf solche lateinischen Etyma
zurückgehen, die bereits in klassischer Zeit nach diesem Muster konjugiert wurden.[75] Im Allgemeinen handelt es sich bei den lateinischen Verben ursprünglich
um solche der konsonantischen Konjugation; nur selten um solche mit Infinitiv auf -*īre* (starkes lat. VĔNĪRE > starkes span. *venir*).[76] Die starken Verben der

---

73 Das substantivierte Partizip *conducho* „Geleit" dagegen findet schon im *Cantar de
    Mío Cid* Verwendung. Zu allen Erstdatierungen der Verben auf -*ducir* vgl. *DCECH*
    I, unter *aducir*. Ein extremes Beispiel ist das hier nicht aufgelistete *seducir*, das erst
    in einem Text von 1627 nachgewiesen werden kann.

74 *DCECH* I, unter *aducir*.

75 Ich sehe hier ab von etymologisch unklaren Fällen wie *andar* oder auch *seer*. Eine
    Ausnahme im hier behandelten Kontext bildet *conocer* (< lat. *cognoscere*, schwaches
    Perfekt *cognovi*). Zu den Perfektformen von lat. *quaerere* und *sapere* vgl. Kap. 3.1.

76 Elvira 1998, 154, weist darauf hin, dass zuweilen abgeleitete Verben von der zwei-
    ten in die dritte Konjugation übergewechselt sind, obwohl das zugrundeliegende
    Simplex bei der zweiten Konjugation verbleibt (Beispiel: Simplex *verter*, aber Deri-
    vatform *convertir*). Bei den starken Verben (zumindest bei den hier genannten)
    kommen solche Diskrepanzen nicht vor.

lateinischen 1. Konjugation sind im Laufe der Entwicklung fast alle ohne Ausnahme zum schwachen Bildungsmuster übergewechselt. Ausnahmen sind lat.
DĀRE (DĔDĪ) und *STĀRE (STĔTĪ)*.[77]

Schon im Altkastilischen sind vielfach auch abgeleitete Verben belegt, die
auf die schon genannten Simplicia bzw. deren auf schon lateinische Derivatverben zurückgehen. Ralph Penny geht auf diese nur sporadisch ein; er nennt
sonreír: *sonrise/sonriso*; *despender*: *despise/despiso*; *aprender*: *aprise/apriso*. Die
Liste der von den starken Verben abgeleiteten altspanischen Wörter ist jedoch
erheblich umfangreicher. Wenn wir eine Unterteilung nach Datum des Erst-
belegs vornehmen, sind nach Auskunft des *DCECH* die folgenden Ableitungen
schon im 13./14. Jahrhundert nachweisbar (die Auflistung erfolgt wieder den
Vorgaben der *NGLE*; die Überprüfung der Erstbelege nach *DCECH* und *DEM*):

Pretéritos fuertes con vocal /a/ en la raíz:

- Ableitungen von *traer*: *maltraer* (Berceo) und *retraer* (Berceo);

Pretéritos fuertes con vocal /i/ en la raíz:

- Ableitungen von *decir*: *bendecir* (*Cid*), *contradecir* (Berceo), *entredecir/
  interdecir* (13. Jhd., *Partidas*), *maldecir* (1200);
- Ableitungen von *escribir*: *prescribir* (1369);[78]
- Ableitungen von *hacer*: *contrahacer* (1250), *deshacer* (Berceo), *rehacer*
  (1227);
- Ableitungen von *meter*: *cometer* (*Cid*), *acometer* (*Cid*), *entremeter* (Ber-
  ceo), *malmeter* (Berceo), *prometer* (*Glosas de Silos*), *remeter* (1295), *someter*
  (Berceo);
- Ableitungen von *pender*: *despender* (*Cid*), *espender/expender* (*Cid*);[79]
- Ableitungen von *prender*: *aprender* (ca. 1200 und Berceo; s.o.), *comprender*
  (Berceo), *reprender* (med. S. XIII);[80]
- Ableitungen von *querer*: *conquerir* (*Cid*), *malquerer* (*Libro de Buen Amor*),
  perquirir/pesquerir (1223), *requerir* (Berceo),
- Ableitung von *reir*: *sonreir* (princ. s. XIV, *Zifar*, s.o.);

---

77   Vgl. Lausberg 1972, 216 (§ 824).

78   *Inscribir, proscribir, subscribir* und *transcribir* sind im Mittelalter nicht belegt; siehe
      DCECH II, unter *escribir*.

79   Penny 2008, 257 f. Zu *despender* vgl. *DCECH*, unter *dispendio*.

80   *Sorprender* ist erst seit dem *Dicc. de Autoridades* belegt; laut *DCECH* IV handelt es
      sich um eine Entlehnung aus dem Französischen.

- Ableitungen von *venir*: *avenir* (*Cid*), *contravenir* (1240, *Fuero Juzgo*), *convenir* (1240, *Fuero Juzgo*), *intervenir* (*Alexandre*), *revenir* (*Alexandre*), *sobrevenir* (Berceo);

PRETÉRITOS FUERTES CON VOCAL /u/ EN LA RAÍZ:

- Ableitungen von *poner*: *anteponer* (1251, *Calila*), *aponer* (1240, *Fuero Juzgo*), *componer* (Berceo), *desponer/deponer* (13. Jhd., *Fuero Juzgo*), *descomponer* (Berceo), *disponer* (princ. S. XIV, *Zifar*), *entreponer* (Juan Ruiz), *exponer/esponer* (Berceo), *emponer/imponer* (Berceo), *oponer* (1251, *Calila*), *proponer* (princ. S. XIV, *Zifar*), *sobreponer* (1295), *trasponer* (1251, *Calila*);
- Ableitungen von *tener*: *atener* (1218), *contener* (1240, *Fuero Juzgo*), *detener* (*Cid*), *retener* (*Cid*), *sostener* (Berceo).

In Bezug auf die übrigen, in der *NGLE* für das Neuspanische genannten Ableitungen liegen Belege erst ab dem 15. Jahrhundert vor, oder aber ihre Erstdatierung lässt sich nach den gebräuchlichen (bzw. hier benutzten) lexikographischen Werken nicht präzise ermitteln. Als Beispiele führe ich im Folgenden nur einige spät dokumentierte Ableitungen ausgewählter Verben an:

- Ableitung von *escribir*: *describir* (Beginn 15. Jhd., Santillana);
- Ableitungen von *meter*: *admitir* (15. Jhd.), *demetir/dimitir* (*Gran Conquista de Ultramar*), *emitir* (1540), *permitir* (A. de Palencia, 1490);
- Ableitungen von *poner*: *contraponer* (Nebrija), *interponer* („fin S. XVI"), *posponer* (J. De Mena), *preponer* (1463, J. de Lucena), *reponer* (Nebrija), *presuponer* (J. De Mena) *suponer* (1627 bzw. Oudin[81]);
- Ableitung von *tener*: *entretener* (Cervantes);
- Ableitungen von *traer*: *abstraer* (1500); *atraer* („med. S. XV"); *contraer* (A. de Palencia); *detraer* („princ. S. XV"); *distraer* („2a mitad siglo XV"); *extraer* („princ. S. XVIII"); *sustraer* („princ. S. XVII").

Es ist nicht in allen Fällen mit Sicherheit festzustellen, ob es sich bei den aufgelisteten Ableitungen um aus dem Lateinischen ererbte Wörter, um gelehrte Übernahmen aus dem Latein oder um Neubildungen handelt, die in mittelalterlicher Zeit auf der Basis altspanischer Simplizia entstanden sind. Während Fälle wie *abstraer*, *intervenir* oder *interponer* aufgrund ihres lautlichen Erscheinungsbildes eindeutig als „cultismos" einzustufen sind, fällt die Entscheidung

---

81   Vgl. *DCECH*. Die Erstbelege von *retrotraer* und *predisponer* konnte ich nicht ermitteln.

etwa bei *contraer* oder *reponer* schwerer. Die Datierung allein ist als Indiz hier nicht ausreichend. Es gilt jedoch auch hier, dass möglicherweise – wie schon bei der Behandlung der Verben auf -*ducir* erwähnt – die Orientierung am gelehrten Latein bei der Wahl zwischen starkem und schwachem Konjugationsmuster mitgewirkt hat.

Die oben erstellte Liste ist mit Sicherheit nicht vollständig; wahrscheinlich könnte sie durch die Auswertung weiterer Wörterbücher und Primärtexte noch erweitert werden.

3.3. Altkastilisch: Wandlungserscheinungen

Die Auflistung hat gezeigt, dass die Verben mit starkem *pretérito perfecto simple* im mittelalterlichen Kastilisch wesentlich zahlreicher sind als im aktuellen Spanisch. Viele ursprünglich starke Verben gehören heute der Gruppe mit schwachem Konjugationsmuster an: „Muchos verbos que en latín eran fuertes …, han pasado a ser débiles."[82] Einige dieser Wandlungserscheinungen haben, wie in Kap. 3.1. dargestellt, ihren Ursprung bereits in lateinischer Zeit. Die meisten Übergänge ursprünglich starker Verben zur Gruppe mit schwachem *pretérito perfecto simple* vollziehen sich jedoch in der altkastilischen Epoche. Allerdings war schon zuvor die Gruppe der schwachen Verben die quantitativ größere; ihre Dominanz wurde durch die Wandlungen in der altkastilischen Zeit noch verstärkt.[83] In der weiteren Entwicklung dürfte auch die Tatsache eine Rolle gespielt haben, dass sich bestimmte Dialektformen gegenüber anderen durchgesetzt haben.

Die zeitliche Situierung der hier behandelten morphologischen Veränderungen ist schwierig. Begrenzte Aufschlüsse erlaubt die Datierung der Belege: So ist bei den Verben, die im Mittelalter sowohl mit starkem als auch mit schwachem *pretérito perfecto simple* vorkommen, die starke Form meist die früher nachweisbare. Die schwachen Formen erscheinen aber fast immer wenig später. Zuweilen finden starke und schwache Formen ein und desselben Verbs in einem Text nebeneinander Verwendung. Es ist generell auch nicht möglich, Präferenzen bestimmten Literaturgattungen (etwa des *mester de juglaría* oder des *mester de clerecía*) für den einen oder anderen Typus der pretérito-Bildung zu identifizieren. In beiden Textsorten sind sowohl starke als auch schwache Formen anzutreffen.

---

82   Penny 2008, 248.
83   Vgl. Elvira 1998, 156.

Die Entwicklung soll im Folgenden anhand von Textbelegen nachgezeichnet werden. Die Darstellung beruht teils auf den Angaben der einschlägigen Wörterbücher, teils auf eigenen Textauswertungen.[84]

3.3.1. Einfache Verben

Im Folgenden nenne ich einige Beispiele für die Koexistenz der beiden Konjugationstypen in altspanischer Zeit (zunächst nur Simplizia). Beim Auffinden der unterschiedlichen Formen leistete die Monographie von Hildegard Schede[85] wertvolle Dienste; viele der nachfolgend zitierten Textstellen konnten anhand der dort präsentierten Übersicht über die unterschiedlichen Formen der altspanischen Verben identifiziert werden. Die Aufzählung orientiert sich an dem Muster der *NGLE* (vgl. Kap. 2) bzw. dem von Ralph Penny (Kap. 3.2.). Maßgeblich ist hier der (ursprüngliche) Stammvokal der Präteritumsform.

– Verben mit Stammvokal /a/ im *pretérito perfecto simple*

Bei den nicht abgeleiteten Wörtern dieser Gruppe treten die schwachen Formen meist sehr frühzeitig auf. Parallelvorkommen des älteren und des jüngeren Konjugationsmusters in ein- und demselben Text sind häufig nachweisbar (vgl. das Verb *na(s)cer: nasco* und *nació* im *Cid*).

> Exido es de Burgos é Alarcón á passado,
> vino por la tienda del que en buen ora **nasco** (*Cid,* vv. 201 f.)

> Martín Antolínez con ellos' coió,
> vanse pora San Pedro dó está el que en buen ora **nació** (*Cid,* vv. 293 f.)

In anderen Fällen liegen die Belege für die unterschiedlichen Formen zeitlich nur wenig auseinander, wie der Fall der Verbs *tañer* und *raer/rader* zeigt (*tanxo* im *Cid, tañié* bei Berceo):[86]

> [...] la cofia e el almófar todo ge lo levava,
> **rraxol'** los pelos de la cabeça, bien a la carne llegava (*Cid,* vv. 3654 f.)

> **radioli** la barba (Berceo, *San Millan,* v. 91, nach Cejador y Frauca)

---

84 Bei den benutzten Wörterbüchern handelt es sich um Cejador y Frauca 2005, *DCECH, DME,* Lanchetas 1900, Oelschläger 1940, *TDMS.*

85 Schede 1987. Als nützlich erwiesen hat sich auch (obwohl sie auf der Auswertung eines einzigen Textes beruht) die von König, Mensching und Rolshoven erstellte Konkordanz zum *Poema de Mio Cid* (*Cid Concordancia* 2003).

86 Zur Problematik der Datierung des *Cid* vgl. Smith 1979, 36–44. Smith hält – anders als zuvor Menéndez Pidal – eine Entstehung des Manuskripts zu Beginn

-----

Dueña era de precio, de cuerpo bien tajada,
quando **tañié** en mañas era bien enseñada (Berceo, *Libro de Alixandre*, c[opla] 377ab)

Violo el atalaya e **tanxo** el esquila,
prestas son las mesnadas de las yentes cristianas (*Cid*, vv. 1673 f.)

Ähnlich verhält es sich bei *remanir/remanecer* (*remaso* im *Libro de Alixandre*, *remaneció* im *Cid*[87]). Das einzige nicht-abgeleitete Verb dieser Gruppe, bei dem hier keine schwache Präteritumsform aus altspanischer Zeit nachgewiesen werden konnte (und das sich auch langfristig dem Wandel entzieht) ist *traer*.

- Verben mit Stammvokal /i/ im *pretérito perfecto simple*

Auch bei den Verben mit Stammvokal /i/ treten die schwachen Formen bereits frühzeitig neben den starken auf. Parallelverwendungen beider Typen der *pretérito*-Bildung in denselben oder in zeitlich nahe beieinander liegenden Texten sind hier ebenfalls keine Seltenheit. Als Beispiele mögen die Verben *escrevir/escri(p)vir, meter, prender, reír* und *ver* dienen (*escripso* vs. *escribió, miso* vs. *metió, priso* vs. *prendió, riso* vs. *rié/rió, vido* vs. *vió*). Auch hier treten starke und schwache Präterita weitgehend zur gleichen Zeit auf; bei der Entwicklung hin zu Neuspanischen setzen sich wiederum die schwachen Formen durch:

[…] oyt otro miráculo fermoso per verdat;
Sant Ugo lo **escripso**, de Gunniego abbat (Berceo: *Milagros de Nuestra Señora*, c. 182cd)

Quien **escrivió** este libro, ¡dél' Dios paraíso, amen!
Per Abbat le **escrivió** en el mes de mayo […] (*Cid*, vv. 3731 f.)

[…] quando lo vío Éctor, quebró-l el coraçon,
pero **miso** en medio luego otra razón (Berceo: *Libro de Alixandre*, c. 669bc)

Vino Pero Vermúez, que la seña tiene en mano,
metióla en somo, en todo lo mas alto (*Cid*, vv. 611 f.)

---

des 13. Jahrhunderts für wahrscheinlich. Der Text wäre damit geringfügig älter als die Werke Berceos.

87　Berceo: *Libro de Alixandre* vv. 1942 f., *Cid* vv. 1413 f.

El Campeador por las parias fue entrado,
grandes averes **priso** e mucho sobeianos (*Cid*, vv. 109 f.)

La gota maleíta de guisa lo **prendié**,
que de los sesos ninguno non sintié (Berceo, *Vida de Santo Domingo de Silos* c. 400ab)

Vídolo el asno nesçio; **rixo** bien tres vegadas,
diz: „Conpañero sobervio, ¿dó son tus enpelladas?" (Juan Ruiz, *Libro de Buen Amor*, c. 243cd)

[...] al cabo de grand pieça vi al que trayé:
vista resplandeçiente, a todo el mundo **rié** (Juan Ruiz, *Libro de Buen Amor*, c. 1244ab)

Nunca tan rica corte **vido** omne nacido (Berceo, *Libro de Alixandre*, c. 204d[88])

Quando **vio** Mio Cid que Alcoçer non se le dava,
él fizo un art e non lo detardava (*Cid*, vv. 574 f.)

Eine hiermit vergleichbare Entwicklung zeigen *ceñir* (*cinxo* im Cid, *cinnió* später im *Libor de Buen Amor*),[89] *conquerir* (*conquiso* <u>und</u> *conquirio* bei Juan Manuel),[90] *reír* (*riso* und *rió/ridió* bei Berceo, *rixo* noch ein Jahrhundert später bei Juan Ruiz),[91] *teñir* (*tinxo* noch im *Libro de Alixandre*) und *vivir* (*bisco* noch im 14. Jahrhundert).[92]

Bei einer ganzen Reihe der Verben, die im *pretérito perfecto simple* den Stammvokal /i/ aufweisen, können in mittelalterlicher Zeit jedoch keine

---

88   Die starke Form kommt bei Berceo außerordentlich häufig vor; Schede nennt mehrere Dutzend entsprechende Textstellen.

89   *Cid* v. 57 (und an vielen anderen Stellen), *Lba* c. 918b.

90   *Crónica Abreviada* I, CCVI, 5; I, CCCII, 3.

91   *Rixo* nach Lanchetas 1900 (eigener Eintrag), *rió* nach Cejador y Frauca 2005, *riso* in Berceo, *La vida de San Millán de Cogolla*, 222d, sowie nach Juan Ruiz, *Libro de Buen Amor* c. 243c.

92   *Visco/bisco* im *Libro del Caballero et del Escudero*, L, 4. Nach Menéndez Pidal 1980, 318⁴, handelt es sich um ein „perfecto fuerte culto", das durch die Metathese des Nexus [-ks-] (in *vixi*) > [-sk-] entstanden ist.

schwachen Formen nachgewiesen werden; sie bleiben beim starken Konjugationsprinzip. Dies gilt für *dezir, estar, fazer, querer* und *venir.* Interessant sind
einige phonetisch auffällige starke Formen. Beispiele sind *estido* (von *estar*) und
ixo, eine nicht erhalten gebliebene *pretérito*-Form des Suppletivverbs *ir*:

[...] **estido** un rratiello como qui descordado,
como omne que duerme e despierta irado (Berceo: *Milagros de Nuestra Señora*, c. 210 cd)

Firme **estido** Pero Vermúez, por esso nos' escamó,
un golpe rreçibiera mas otro firio *(Cid,* vv. 3629 f.).

[...] e aderredor todo lo va preando;
al terçer día dón **ixo**, í es tornado. (*Cid*, v. 937 f.).

– Verben mit Stammvokal /o/ im *pretérito perfecto simple*[93]

Auch bei den Verben dieser Gruppe bestehen in der mittelalterlichen Epoche
starke und schwache Präteritumsformen nebeneinander. Als Beispiele sollen
hier *creer* (*crovo/credió*) und *plazer* (*plogo/plació*) dienen:

abrió sos oios, cato a todas partes,
en ti **crovo** al ora, por end es salvo de mal (*Cid*, vv. 356 f.)

Crediólo el astroso, locco e dessesado,
sacó su cuchillo que tenié amolado (Berceo: *Milagros de Nuestra Señora*, c. 193ab)

[...] **plogo** a Mio Cid porque creció en la yantar,
plogo a los otros omnes todos quantos con él están (*Cid*, vv. 304 f.).

Bien se coidó el cuervo que el su gorgear
Plazié a todo el mundo Mas que otro cantar (Ruiz, *Libro de Buen Amor*, 1440b).

Auch bei den Verben *atrever(se)* (*atrovo/atrevió*),[94] *cozer* (*coxo/coxió*),[95] *crecer*
(*crovo/cresció*)[96] *und yazer* (*yoguo/yazió*)[97] treten schon in altkastilischer Zeit
schwache Formen des Präteritums neben die starken.

---

93 Zu den Schwankungen zwischen den Stammvokalen /o und /u/ siehe oben, Kap. 3.2.
94 *Crónica General* bzw. *Crónica de Don Pedro* (beide nach *DME*).
95 *Coxo* nach Lloyd 1987, 364; *coció* in *Libro de los Engannos* (1263, nach *DME*).
96 Zu *crove/crovo* vgl. Penny 2008, 257; *cresció* z.B. im *Cid*, v. 2059, und im *Libro de
    Alixandre* v. 404a.
97 Vgl. *Libro Conplido de los judizios de las estrellas* 79a (nach Schede 1987) bzw. *Libro
    de Alixandre*, c. 1305a.

Wie schon bei der Gruppe der Verben mit Stammvokal /i/ bleiben auch bei denen mit Stammvokal /o/ im *pretérito perfecto simple* einige dem Wandel gegenüber resistent. Die Verben *andar, aber/aver, caber, saber* und *tener* sind (den Untersuchungen Hildegard Schedes zufolge) im Altkastilischen ausschließlich mit starken *pretérito*-Formen nachweisbar.[98]

– <u>Verben mit dem Stammvokal /u/ im *pretérito perfecto simple*</u>

Es bleibt die Gruppe der Verben mit /u/ im *pretérito perfecto simple*. Auch hier treten starke und schwache Formen gleichzeitig oder mit geringem zeitlichem Abstand auf, wie bei den nachfolgenden Beispielen der Fall ist. Bei *conoscer* und *fuir/huir* finden sich die starke und die schwache Form (*conuvo/connosció* bzw. *fuxo/fuyó* bzw. *fuyé*) sogar nebeneinander im selben Text. Dasselbe gilt für *responder* (*respuso/respondió*):

Él dexó la lança e al espada mano metió
quando lo vio Ferrán Gonçalez **conuvo** a Tizón (*Cid,* vv. 3642 f.)

Assí commo entraron por medio de la cort,
violos el rrey e **connosçió** a Muño Gustioz (*Cid,* vv. 2931 f.)

E **destruso** las riberas del mar Euxenio e domo todas aquellas yentes (Alfonso X, *General Estoria,* 1a parte, 78b, nach *DME*)

E **destruyo** e lo conquiso, ca Dios lidio por ell (ebd., 2a parte, 1, 52a, nach *DME*)

Fuxo a los desiertos onde ganó tal prez,
cual non dizrié nul home nin alto nin refez (Berceo, *Vida de Santo Domingo de Silos,* c. 55cd)

andava cerca dellas prudent e muy espierto
nin por sol nin por pluvia non **fuyé** a cubierto (ebd., 22cd)

Respuso el conde: „Esto non será verdad!" (*Cid,* v. 979)

Luego **rrespondió** el conde don Remond:
El oro y la plata espendiesteslo vos (*Cid,* vv. 3237 f.).

Das Verb *aduzir* (und ebenso die übrigen Ableitungen von lat. DŪCĔRE) scheinen vom Übergang zum schwachen Konjugationsmuster nicht betroffen zu sein; bei ihnen sind im Mittelalter nur starke Formen des *pretérito* nachweisbar. Dies

---

98 Vgl. Schede 1987.

ändert sich auch in späteren Jahrhunderten nicht. Analoges gilt für die übrigen Ableitungen von lat. DŪCĔRE.

Offensichtlich weitestgehend resistent gegen die Entwicklung hin zum schwachen Konjugationsprinzip sind auch die hochfrequenten Verben *poder* (*pude/pudo*) und *poner* (*puse/puso*). Die Anführung der starken Formen erübrigt sich hier. Immerhin finden sich bei Berceo vereinzelt auch Belege zu der schwachen Form *podió*:

> Tanto **podió** el monge la razón afincar
> Qe ovo a los cielos el clamor a pujar (Berceo: *Duelo de la Virgen*, c. 7ab).

> Bien se cuidó el clérigo de la presón essir
> E con sus connosçientes deportar e rreír,
> mas non **podió** la alma tal plazo rreçebir [...] (Berceo, *Milagros de Nuestra Señora*, c. 12a–c)

Der Trend hin zur schwachen Konjugation des Präteritums, der für das späte Latein in Ermangelung von Belegen nur selten belegt, wohl aber vermutet werden konnte, setzt sich im Altkastilischen also fort. Neben die ererbten starken Formen treten zunehmend auch schwach konjugierte; im Verlauf der Entwicklung scheint deren Zahl zuzunehmen. Hinzu kommt, dass viele ursprünglich starke lateinische Verben im Kastilischen seit den frühesten Belegen überhaupt nur mit schwachem *pretérito perfecto simple* auftreten. Die Entwicklung hin zu den Verhältnissen im Neuspanischen, das durch eine sehr reduzierte Zahl der Verben mit starkem Perfekt gekennzeichnet ist, geht also auf Wandlungen im Altkastilischen zurück.

Bei einer ganzen Reihe von Verben, die im Lateinischen noch der Gruppe mit starker Perfektbildung angehörten, sind im Altkastilischen überhaupt keine entsprechenden starken Formen mehr nachweisbar. Wenn dies nicht auf möglicherweise unzureichende Dokumentation zurückzuführen ist, muss der Wandel vom starken zum schwachen Muster sich hier sehr frühzeitig vollzogen haben. In diese Richtung weist z.B. T.A. Lathrops Beschreibung der Entwicklung der lateinischen Verben mit *-u-*Perfekt, bei der keine starken Formen erwähnt werden:

> Otros perfectos fuertes an -u- que pasaron a débiles son: *aperīre* (*apéruī > abrí*), *cooperīre* (*coopéruī > cubrí*), *debēre* (*débuī > debí*), *dolēre* (*dóluī > dolí*), [[...]], *valēre* (*váluī > valí*). *Merēre* (*méruī*) y *parēre* (*páruī*) pasaron a ser incoativos (y por tanto débiles) en: *merecer* (*merecí*) y *parecer* (*parecí*).[99]

---

99 Lathrop 1995, 186 (dort auch Erwähnung einer zusätzlichen Form *jacēre* (*jácuī > yací*, ebd.). Bei diesem Verb ist im Altspanischen aber auch eine starke Form belegt (*yogue* etc., vgl. *DCECH*, unter *yacer*), so dass es in dieser Aufzählung fehl am Platze ist.

Ähnliches gilt für eine Reihe von Verben, die im Latein noch sigmatische Perfektformen aufwiesen. Auch hier sind Übergänge zum schwachen Typus zu verzeichnen (wenn auch Väänänens oben zitierten Aussage (vgl. Kap. 3.1.)), wonach diese Form der Perfektbildung den besten Erhaltungsgrad im Romanischen aufweist, hierdurch nicht widerlegt wird. T.A. Lathrop führt als Beispiele die Verben ARDĒRE, ERIGĔRE und TORQUĒRE an:

> LC ardēre, ársī > esp. arder, ardí
> LC erigĕre, eréxī > esp. erguir, erguí
> LC torquēre, tórsī > esp. torcer, torcí[100]

Ralph Penny schließlich nennt neben Verben, die in lateinischer Zeit sigmatische Perfektformen oder auch solche auf -*u* aufwiesen, auch Wörter mit ursprünglich reduplizierender Perfektkonjugation. Im Kastilischen sind diese zu schwachen Verben geworden, wobei der genaue Zeitpunkt des Wandels nicht bestimmt werden kann:

> Muchos verbos que en latín eran fuertes y que han continuado en uso en las lenguas románicas, han pasado a ser débiles. Así, TIMUĪ, MOLUĪ, APERUĪ, DEBUĪ, ARSĪ, SPARSĪ, CŌNCEPĪ, LĒGĪ, MOVĪ, VĪCĪ; CECEDĪ, MOMORDĪ, CUCURRĪ, etc. cambiaron al tipo débil (*temí, molí, abrí, debí; ardí, esparcí, concebí, leí, moví, vencí, caí, mordí, corrí*, etc.; Penny 2008. 248).

In den hier ausgewerteten Primärtexten und Lexika (speziell dem *DCECH*) finden sich in der Tat für diese spanischen Verben keinerlei Belege für starke Perfektformen. Auch in den frühesten Vorkommen weisen die besagten Verben ausschließlich schwaches *pretérito perfecto simple* auf. Ich zitierte nachfolgend Beispiele zur Verwendung einiger der oben genannten altkastilischen Verben:[101]

> **Abrió** luego sus oios que tenie adormidos (Berceo, *Milagros de Nuestra Señora*, v. 1255), nach *DME* I

> Con el su manto a amas las **cubrio** (*Cid*, v. 2807), nach *DME* I

> **Doliól** de corazon al Rey celestial (Berceo, *Vida de San Millán de Cogolla, c.* v. 375), nach *DME* II

---

100 Lathrop 1995, 188. LC = Latín clásico. Das *DCECH* nimmt für *erigĕre* eine Infinitivform *ergĕre* an (ebenso für *torquĕre* eine Form *torquĕre*, die in den klassischen Texten die am Häufigsten vorkommende ist). Für den Status der beiden Wörter als starke Verben ist diese etymologische Unklarheit nicht relevant.

101 Zu *deber, valer* und *merecer* konnten keine *pretérito*-Formen der 1. und 3. Pers. Sg. aufgefunden werden.

E las compannias marauillando se dizen: Nunqua **parecio** tal Cosa en Israel (*Ev. San Mateo*, ms. Escurialense, ca. 1254), nach *DME* II

Lo verde **ardió** por lo seco (Montoro, *Cancioneiro* 41, 85)

Erció a Dios los ojos (Berceo, *Vida de San Millán de Cogolla* v. 654), nach Cejador y Frauca

En Alcalá estando, ¡oyd los nasçidos! Que son los decretos de Dios escondidos, **cayó** del cavallo, murió arrebatada (*Cancionero de Baena*, c. 58b), nach *DME* I

Concebio e preguntaronle de quien era preñada (*Libro Exemplos*), nach *DME* I

Corrio la sangre por el astil ayuso, las manos se ouo de vntar (*Cid*, v. 354)

Él **mouvió** luego otro dia con CC caualleros (*Crón. General* c. 924), nach Cejador y Frauca)

Eine besondere Gruppe bilden schließlich jene Verben, die nicht nur zu den schwachen Perfektformen, sondern mit ihrem gesamten Paradigma in eine andere Konjugationsklasse überwechseln. So scheint altkast. *solver*, das auf das stark konjugierte lat. Verb SOLVĔRE zurückgeht, bereits frühzeitig durch *soltar* ersetzt zu werden. Die neue Infinitivform basiert offensichtlich auf dem Partizip *suelto*.[102]

Trotz all der beschriebenen Wandlungen ist der Übergang von der starken zur schwachen *pretérito*-Konjugation nicht vollständig. Javier Elvira fasst die Entwicklung wie folgt zusammen:

> De hecho, el español antiguo conoce ya las variantes actuales, que convivieron secularmente con las formas fuertes. Esta nivelación no ha sido total, ya que, por un lado, no ha afectado a un núcleo de verbos, …, en los que la acentuación latina se ha extendido a otros a los que etimológicamente correspondería a otro pretérito regular.[103]

3.3.2. Abgeleitete Verben

Der Werdegang der abgeleiteten Verben ist schwieriger nachzuzeichnen als jener der zugrundeliegenden Simplizia, da die lexikographische Dokumentation der

---

102   Vgl. *DCECH*, unter *absolver*. Lt. *DCECH* ist *solver* bis zum 15. Jahrhundert im Gebrauch; in den von mir konsultierten Quellen (u.a. bei Schede 1987) finden sich jedoch keine Belege für starke Perfektformen. Zur Etymologie (Herleitung vom Partizip) vgl. Penny 2008, 271.

103   Elvira 1998, 126 f.

Präteritumsformen in mittelalterlicher Zeit teilweise lückenhaft ist. In den Fällen, in denen ausreichend Belege verfügbar sind, ergibt sich jedoch ein relativ klares Bild.

Diejenigen abgeleiteten Verben, deren zugrundeliegende Simplizia in altkastilischer Zeit ein starkes *pretérito perfecto simple* bilden, weisen auch im Mittelalter Stammbetonung und die typischen Endungen des 1. und der 3. Person auf. Schwache Formen sind in dem hier ausgewerteten Material nicht auffindbar. Eine vollständige Auflistung von altkastilischen Beispielen für alle betroffenen Wörter erscheint hier nicht erforderlich. Ich nenne nur einige wenige Belege (jeweils für einen bis zwei für die unterschiedlichen Ableitungen von den wichtigsten der oben genannten Simplizia[104]):

- Ableitung von *traer*: Beispiel *maltraer*

  Belegt ist die Form *maltraxo* (in der spanischen Übersetzung von Titus Livius (1407), 266, 11[105]).

- Ableitung von *decir/dezir*: Beispiel *bendezir*

  Dios **bendixo** la casa do el buen omne cria:
  Siempre an gasajado, plazer e alegría (Juan Ruiz, *Libro de buen Amor*, c. 758ab)

- Ableitung von *fazer/hacer*: Beispiel *desfazer*

  Tomó un entendedor e pobló la posada,
  desfízose el cordero. Que d'él no finca nada (Juan Ruiz, *Libro de Buen Amor*, c. 478cd)

- Ableitung von *venir*: Beispiel *avenir*

  Lunes antes del alva comencé mi camino,
  fallé cerca el Cornejo, do tajava un pino.
  Una serrana lerda; dirévos qué me **avino** [...] (Juan Ruiz, *Libro de Buen Amor*, c. 993abc)

---

104 Die Häufung von Textstellen aus dem *Libro de Buen Amor* erklärt sich durch die vermehrte Heranziehung dieses Textes durch Schede 1987.

105 Vgl. Schede 1987. Der originale Textbeleg konnte von mir nicht eingesehen werden.

– Ableitung von *poner*: Beispiel *proponer*

Pronunçió que el fizo e **propuso**
non le sea resçebida, segund dicho he de suso. (Juan Ruiz, *Libro de Buen Amor*, c. 363cd)

– Ableitung von *tener*: Beispiel *detener*

Como la mi vejezuela me avia aperçebido,
non me **detove** mucho, para allá fui luego ido (Juan Ruiz, *Libro de Buen Amor*, c. 872b).

Der Verbleib beim starken Konjugationsprinzip ist allerdings bei den abgeleiteten Verben ebenso wie bei den Simplizia deutlich seltener festzustellen als der Wechsel zum schwachen *pretérito*. Wenn die einfachen, ursprünglich starken Verben im Laufe des Mittelalters zum schwachen Konjugationsprinzip übergehen, so gilt dies meist auch für die auf ihnen basierenden Derivatformen. So ist auch bei den abgeleiteten Verben eine zeitweilige Koexistenz starker und schwacher Formen nachweisbar, wie z.B. in den folgenden Fällen:

– Ableitung von *prender*: Beispiel *aprender*

Apriso bien la orden el nuevo caballero (Berceo: *Vida de Santo Domingo de Silos*, c. 84a)

E **aprendió** muy bien (*General Estoria*, nach *DME*)

– Ableitung von *querer*: Beispiel *conquerir*

Dieses Verb ist in altkastilischer Zeit noch des Öfteren mit starken Formen des *pretérito* belegt. Zunehmend verbreitet sich jedoch die schwach konjugierte Form *conquistar*. Bei dieser handelt es sich um eine Neubildung auf der Basis des Partizips *conquisto*.[106]

Fizo sin otras muchas una cavalleria
Conquiso Calaforra, siella de vispalía (Berceo, *Vida de Santo Domingo de Silos*, c. 129 ab)

Conquistó tierras de cinco obispados (Pérez de Guzmán, [1486])

---

106   Vgl. Penny 2008, 271.

– Ableitung von *meter*: Beispiel *prometer*

> E asi cuemo otra uegada delan uos ζ delante testes pus mies manos super quatuor
> Euangelia e uos **promis** obedientia [...] (*DLE* 22, Z. 10/11)

> La Madre gloriosa lo que li **prometió**,
> bendicta sea ella, ca bien ge lo cumplió (Berceo, *Milagros de Nuestra Señora*, c. 130ab)

– Ableitungen von *pender*: Beispiele *despender, espender/expender*

In den hier ausgewerteten Quellen finden sich keine Belege für starke *pretérito*-
Formen der von *pender* abgeleiteten Verben. Allerdings erwähnt Ralph Penny
die Exixtenz einer altkastilischen Form *despise* (1. Person des *pretérito* von
despender); Menéndez Pidal führt eine starke Form *espiso* (zu *espender*) an.[107]
Schwache Formen hingegen sind in mittelalterlichen Texten häufig zu finden:

> [...] cada uno por su parte de tornarle las misiones que **despendió** a pro (Alfonso el
> Sabio, *Siete Partidas*, nach *DME*)

> Estude en esa çibdat e **espendí** mi cabdal:
> non fallé pozo dulce ni fuent perenhal (Juan Ruiz, *Libro de Buen Amor*, c. 973ab)

Das Nebeneinander der unterschiedlichen Konjugationsprinzipien ist aber
ebenso wie bei den Simplizia nicht von Dauer. Bei jenen abgeleiteten Verben,
die in altkastilischer Zeit in beiden Typen des *pretérito* belegt sind, setzen sich
letztendlich in der Entwicklung hin zum heutigen Spanisch die schwachen Formen durch.

In vielen Fällen sind in den hier ausgewerteten altkastilischen Quellen allerdings ausschließlich Belege für schwache Perfektformen von abgeleiteten Verben zu finden, die auf Simplizia mit ursprünglich starkem *pretérito perfecto
simple* zurückgehen. Nachfolgend einige Beispiele:

---

107   Vgl. Penny 2008, 257 f. bzw. 1980, 365 (§ 75-4). Die Entwicklung von *despender*
      und jene von *espender* läuft weitgehend parallel.

- Ableitungen von *meter*: Beispiele *acometer, cometer, entremeter*

E con ella **acometió** carnal deseo e adulterio en derecho canónico llamado (*El Corba-
cho,* nach *DME*)

E **cometiome** muy de rezio a Prandaso e a sus griegos (Alonso X, *General Estoria*
II, 25b)

Con ome mesturero nunca me **entremeti**,
a muchas de las dueñas por éstos los partí (Juan Ruiz, *Libro de Buen Amor,* c. 567 cd)

- Ableitung von *prender*: Beispiel *emprender*

La cepa era buena, **emprendió** buen sarmiento (Berceo, *Vida de Santo Domingo de
Silos,* 9)

- Ableitung von *querer*: Beispiel *requerir*

[...] **rrequirio** su rrepuesto, lo que traié trossado,
pensó de ir su vía alegre e pagado (Berceo, *Milagros de Nuestra Señora,* c. 213 cd)

- Ableitung von *reir*: Beispiel *sonrisar*

Ähnlich wie z.B. bei *conquerir* findet auch bei *reir* ein Wechsel in eine andere
Infinitivform statt (mit entsprechenden Konsequenzen für das gesamte Paradigma: *sonreir > sonrisar*).

Sonrrisós' Mio Cid, estávalos fablando: „Ya don Rachel e Vidas, avédesme olbidado!"
(*Cid,* vv. 154 f.)

Auch wenn das vorliegende Beispielmaterial Lücken aufweist, wird doch ein
allgemeiner Trend deutlich. Die hier beschriebenen abgeleiteten Verben wechseln relativ früh vom starken zum schwachen *pretérito*-Schema über, wenn dies
bei den zugrundeliegenden Simplizia auch der Fall ist. Ebenso verbleiben nicht
wenige – wiederum nach dem Muster der ihnen zugrundeliegenden Simplizia –
bei der starken Bildung dieser Tempusform.

3.4. Grammatische Fixierungsprozesse in der frühen Neuzeit

Die Schwankungen zwischen den unterschiedlichen Formen des *pretérito*
finden mit der zunehmenden Normierung der Sprache, die mit Beginn der

Neuzeit einsetzt, nach und nach ein Ende. Begrenzt Auskunft hierüber geben die ersten Wörterbücher und Grammatiken des Kastilischen. Der Schwerpunkt der Einträge in den lexikographischen Werken liegt allerdings im Allgemeinen auf der Bedeutung der Wörter bzw. auf den Entsprechungen zwischen Kastilisch und Latein, nicht auf ihren unterschiedlichen morphologischen Erscheinungsformen. Was die Grammatiken jener Zeit angeht, so erwähnen diese die „unregelmäßigen" Verben meist nur beiläufig; systematische Darstellungen der Problematik fehlen im Allgemeinen. An dieser Stelle kann nur auf die wichtigsten sprachbezogenen Veröffentlichungen der besagten Epoche eingegangen werden.

Der Begründer der spanischen Grammatikographie, Antonio de Nebrija, ist sich der Komplexität der Verbmorphologie durchaus bewusst. Interessanterweise geht er nicht in Buch III seiner *Gramática de la lengua castellana* darauf ein („Que es de la etimología → dición"), sondern im didaktisch ausgerichteten Buch V („De las Introduciones de la lengua castellana para los que de estraña lengua querrán deprender"; Capítulo V/VI).[108] Gleich zu Beginn stellt er hier fest:

> La maior dificultad de la gramatica, no sola mente castellana, más aún griega & latina, & de otro cualquier lenguaje que se oviesse de reduzir en artificio, está el la conjugación del verbo, & en cómo se podrá traer por todos los modos, tiempos, números y personas.[109]

Die *pretérito*-Konjugation der „regelmäßigen" (d.h. schwachen) Verben beschreibt Nebrija in ähnlicher Weise, wie es auch aus heutigen Grammatiken bekannt ist:

> El passado acababo del indicativo en la primera conjugación echa la primera persona en *e*, & forma se del presente del infinitivo, mudando la *ar* final en *e*, como de *amar, amé*, de *enseñar, enseñé*.[110]

Er geht auch auf die Bildung verschiedener starker Verben ein (*andar-anduve, caber-cupe, estar-estuve, poder-pude* usw.) und beschreibt die hier auftretende Endung der *pretérito*-Formen in der ersten Person (*-e*), die sich von der der regelmäßigen Verben unterscheidet).[111] Diese Darstellung wird allerdings, wie

---

108 Im Kapitel X „Del verbo" des morphologisch ausgerichteten Buches „Que es de etimología y dición" beschränkt der Autor sich auf die Nennung der drei Konjugationsklassen des Spanischen (Nebrija 1989, 196–198), ohne auf Einzelheiten einzugehen.

109 Nebrija 1989, 259.

110 Nebrija 1989, 263.

111 Vgl. Nebrija 1989, 263.

Petra Braselmann zutreffend bemerkt, der Besonderheit der starken Verben nicht gerecht:

> Nebrija hat nur den vokalischen Auslaut der Formen im Auge und trägt den morphologisch weit signifikanteren Stammveränderungen überhaupt nicht Rechnung [...] Nebrija hat hier sicher richtig die Gruppe der sogenannten starken Perfektformen erkannt und gliedert sie als solche aus; sein Versuch, so etwas wie eine „irregularidad común" zu konstruieren, ist jedoch verfehlt.[112]

In einem anderen Werk, den *Reglas de Ortografía*, lässt der Salmantiner Gelehrte erkennen, dass er sich der vom üblichen Schema abweichenden Bildungsweise der starken *pretérito*-Formen durchaus bewusst ist. Er führt diese vor Allem auf den Einfluss der (lateinisch) gebildeten „doctos y sabios" zurück. Nebrija unterscheidet also zwischen einer „regulären" (in seiner Sicht „volkstümlichen") und einer durch das gelehrte Latein beeinflussten Sprachentwicklung:

> No hai cosa que tanto nos guíe en la conjugación de los verbos, como la proporción y semejança de vnos a otros, y esto no solamente en el griego y latín, mas avn en el castellano; pero ésta muchos vezes nos engaña, porque el vso de los sabios siempre vence [...] Así, si de *amar, yo amé*, de *alabar, yo alabé* y de *burlar, yo burlé*, alguno, siguiendo la proporción [= regularidad] formasse de *andar, yo andé* de *estar, yo esté*, contra el vso comun de los doctos que tienen de *andar, yo anduve* y de *estar, yo estuve* [...][113]

Nebrija erkennt (bzw. thematisiert) nicht die Tatsache, dass auch die starken Formen eine gewisse Regularität in ihrer Entwicklung aufweisen. Er geht auch nicht so weit, die Aufrechterhaltung der starken Formen in den Sprachwandel explizit als künstliche Eingriffe einzustufen. Er scheint jedoch überzeugt zu sein, dass der gelehrte Einfluss eine wesentliche Rolle bei der Bewahrung älterer Formen spielt („el uso de los sabios siempre vence", s.o.).

Bei Nebrijas Beispielen handelt es sich ausnahmslos um hochfrequente starke Verben ohne konkurrierende schwache *pretérito*-Formen. Auf das Nebeneinander von starker und schwacher Konjugation bei ein und demselben Wort, welches es im ausgehenden Mittelalter noch gegeben hatte, geht der Autor nicht ein (obwohl er sich ja Formen wie **andé* oder **esté* durchaus vorstellen kann, s.o.).

---

112   Braselmann 1990, 295.
113   Nebrija 1989, 149 f. (Cap. VIII). Bezeichnend ist auch die Überschrift, die Nebrija dem Kapitel gibt: „Que en la pronunciación muchas veces la proporción falta." Sie lässt erkennen, dass der Autor die starken Formen im Grunde als Verstöße gegen die üblichen Regeln ansieht.

Ebensowenig tun dies die Grammatiker und Sprachgelehrten des 16. Jahrhunderts.[114] Juan de Valdés erwähnt in seinem um 1535 entstandenen *Diálogo de la lengua* bei der Behandlung bestimmter phonetischer Alternanzerscheinungen zwar u.a. auch verschiedene starke Verben (*truxo* oder *traxo*? *traxon/ dixon/hizon* oder *traxeron/dixeron/hizieron*?[115]). Die grundsätzlichen Probleme der Konjugation der starken Verben bleiben bei Valdés jedoch ebenso unberücksichtigt wie ihre Koexistenz mit schwach konjugierten Formen.[116] Dasselbe gilt für die drei ab 1555 in Flandern erscheinenden Grammatiken des Kastilischen. Die anonyme dreisprachige *Vtil y breve institvtion* beschränkt sich darauf, die unterschiedlichen Formen wichtiger lateinischer Verben sowie ihre kastilischen (und französischen) Entsprechungen aufzulisten; starke *pretérito*-Formen tauchen in den (sehr umfangreichen) Listen nicht auf.[117] Auch die drei Jahre später veröffentlichte Grammatik des Cristóbal de Villalón[118] und die 1559 anonym erschienene *Gramática de la lengua vulgar de España* beschränken sich im Wesentlichen darauf, die „regelmäßigen" Konjugationsmuster der spanischen Verben zu beschreiben. Nur in dem zuletzt genannten Werk erfahren ausnahmsweise auch einige Verben mit starken *pretérito*-Formen kurze Erwähnung (z.B. *haver: io húvo, tu huviste, aquél huvo*[119]). Näher kommentiert werden diese aber nicht.

Aufschlussreicher für die hier behandelte Thematik sind die Grammatiken des 17. Jahrhunderts, insbesondere die Werke von Gonzalo Correas.

---

114 Nicht zugänglich war mir z.B. die 1623 erschienene *Arte breve* von Juan de Luna. Das Werk ist interessant für die hier verfolgte Fragestellung, weil es sich ausführlicher als andere mit den „verbos irregulares" befasst. Vgl. hierzu Lope Blanch 1982, 147–152.

115 Vgl. Valdés 1969, 78 f. bzw. 132. Valdés lehnt Formen wie *traxon* etc. als populärsprachlich ab: „… ésta es la que en cierta parte de Spaña usa el vulgo, …, y digo que no la tengo por buena" (ebd., 132). Bemerkenswert ist, dass er fast immer die Verwendung jener Formen empfiehlt, die sich dann bei der Entwicklung hin zur Gegenwart tatsächlich durchgesetzt haben.

116 So plädiert er im Zusammenhang mit der Bildung des Futurs für die „regelmäßigen" Formen": „Algunos dizen *saldrá*, por *salirá*; a mí más me contenta *salirá*, porque viene de *salir*" (Valdés 1969, 130).

117 *UBI* 1977, 41–102.

118 Villalón 1971, 45–47.

119 *GLVE* 1966, 58. Ein interessantes Detail besteht darin, dass bei dem Verb *escrivir*, das im Mittelalter sowohl starke als auch schwache Perfektformen kannte, nur noch die schwache Form notiert wird (*io escriví, tu escriviste, aquél escrivió*; 52).

Dieser Autor listet sowohl in seiner *Arte Kastellana*, die 1627 als Teil des *Trilingüe de tres Artes* erschien, als auch in der zu seinen Lebzeiten unveröffentlicht gebliebenen *Arte grande* nicht nur die starken Formen des *pretérito perfecto simple* verschiedener starker Verben auf (*estar, andar, placer, traer, caber, saber, ver*). Er erkennt auch, dass die Besonderheit dieser Verben darin besteht, dass bei den Perfektformen der Akzent auf der vorletzten Silbe liegt („tienen el acento en la penultima"[120]). Interessanterweise nennt Correas bei den starken Perfektformen von *traer* neben *traxe* noch *truxe*, also eine Form, die bereits fast hundert Jahre zuvor von Juan de Valdés abgelehnt worden war. Bei *plazer* erwähnt er nur die starke Form *plugo*, bei *ver* sowohl das starke *vido* als auch das schwache *vio*.[121] Er liefert hiermit den Beleg dafür, dass einige der starken Formen, die heute verschwunden sind, im frühen 17. Jahrhundert noch in Gebrauch waren. Allerdings enthält das Werk auch Indizien für das Verschwinden starker Formen des *pretérito perfecto simple*: So nennt Correas bei dem Verb *nacer/nazer* nur das „perfeto" *nazí*; nicht aber die alte Form *nasque*.[122]

Ein ähnliches Bild bieten die Grammatiken, die im 17. Jahrhundert außerhalb Spaniens und seiner Nebenländer entstehen und die für fremdsprachige Lerner des Kastilischen bestimmt sind. Als Beispiel soll hier die *Grammaire Espagnole* von César Oudin dienen, die 1660 (also einige Jahrzehnte nach dem Werk von Correas) erscheint. Der Autor ist sich der Schwierigkeiten der Verbkonjugation durchaus bewusst: „C'est le passage le plus difficile en toutes les langues, que d'observer à propos tous les temps et modes des verbes."[123] Er geht von der Existenz dreier Konjugationsklassen aus; „Il y a donc de trois sortes de conjugaisons, en esgard à l'infinitif, la première en *ar*, la secunde en *er*, et la troisiesme en *ir*."[124] Es folgt eine Aufzählung unterschiedlicher

---

120   Correas 1984, 182. Sehr viel knapper bei Correas 1903, 164. Siehe auch Obernesser 2000, 181.

121   Vgl. wiederum Correas 1982, 182. Correas bestätigt auch, dass die schon von Valdés erwähnten, verkürzten Formen *estuvon, anduvon, hizon* etc. zu seiner Zeit noch existieren (vgl. ebd., 163 und 182). Ebenso wie Valdés lehnt er ihren Gebrauch ab („La tercera del plural *uvieron* la cortan algunos en *uvon*: mas tiense por grosera").

122   Correas 1982, 176. Zur Haltung von Correas gegenüber „unregelmäßigen" Formen im Allgemeinen vgl. Alvar/Pottier 1987, 274. Ihnen zufolge bevorzugt Correas zwar „logische" Formen, gesteht aber letzten Endes dem „uso" die Priorität zu.

123   Oudin 1660, 57.

124   Oudin 1660. 69.

Verben, deren Konjugationsweise von den vorgegebenen (offenbar als regelmäßig erachteten) Grundschemata abweichen. Zu diesen gehören auch verschiedene starke Verben: *estar, dar, hauer, tener, querer, poder, hazer, saber, traer, poner, caber, ver, responder, dezir, venir.*[125] Oudin belässt es jedoch bei der bloßen Auflistung der unterschiedlichen Tempusformen. Er definiert die starken Verben weder als eigene Gruppe; noch geht er auf die Stammbetonung als Besonderheit ihrer *pretérito*-Formen ein. Zu erwähnen ist, dass er das Verb *ver* mit den schwachen Formen *vi/viste/viò* konjugiert; für *responder* führt er nur die (ebenfalls schwachen) Formen *respondì/respondiste/respondio* an.[126] Die ältere, starke Form *vido* (zu *ver*), die wenige Jahrzehnte zuvor bei Correas noch erwähnt wird, scheint er nicht zu kennen. Dasselbe gilt für *respuso*. Bei dem Verb *traer* empfiehlt Oudin die starken *pretérito*-Formen *trúxe, truxiste, truxo*, obwohl ihm die Variante mit -a- bekannt ist („Aucuns mettent *traxe*, changeant l'*u* en *a*, pour toutes les personnes"[127]).

Wir kehren zu den sprachbezogenen Publikationen auf der Pyrenäenhalbinsel zurück. Die Erstausgabe der Akademiegrammatik von 1771 widmet den „unregelmäßigen" Verben eine vergleichsweise ausführliche Darstellung. In diesem Zusammenhang werden u.a. die *pretérito*-Formen fast all jener Simplex-Verben aufgelistet, die auch heute noch der starken Konjugationsklasse angehören (*hacer, caber, poner, querer, saber, tener, traer; venir, decir*).[128] Es werden auch diverse phonetische Alternanzen bei den Präteritumsformen beschrieben (*copo* vs. *cupo, ovo* vs. *hubo, poso* vs. *puso, sopo* vs. *supo*).[129] Hinweise auf die Regeln der Bildung der starken Formen finden sich hingegen in der ersten Ausgabe ebenso wenig wie solche auf koexistierende starke und schwache Formen ein und desselben Verbs. Die Autoren lassen keinen Zweifel daran, dass sie die „unregelmäßigen" Formen eher als Anomalien und ihre Behandlung als unvermeidliches Zugeständnis an den „uso" empfinden:

---

125 Die Gründe für die gewählte Reihenfolge der Verben bleiben unklar. Die Nennung von *estar, hauer* und *tener* an Spitze der Aufzählung dürften in ihrer teilweisen Verwendung als Hilfsverben liegen.

126 Vgl. Oudin 1660, 125 bzw. 130. Ich übernehme die unkonventionelle Akzentsetzung des Originaltexts.

127 Oudin 1660. 115.

128 *RAE* 1771, 128–156.

129 *RAE* 1771, 165.

[...] debiendo gobernarnos por el uso, ha sido necesario darle á conocer entrando an una prolixa, pero indispensable conjugación de los verbos irregulares que son usuales en nuestra lengua.[130]

Eine ähnliche Einstellung kommt auch in dem bereits ab 1726 (mehrere Jahrzehnte vor der Grammatik) erscheinenden *Diccionario de la lengua castellana* der Real Academia (später bekannt geworden als *Diccionario de Autoridades*) zum Ausdruck. Auch hier ist bei der Behandlung der starken Verbformen in vielen Einträgen ein gewisses Unbehagen der Autoren zu spüren. Die *pretéritos fuertes* werden mehrfach als „anomalías" bezeichnet, die (ebenso wie bestimmte Formen des Präsens) im Widerspruch zu den Konjugationsregeln stehen, die für die Mehrzahl der Verben gelten. Als Beispiele mögen hier die Einträge *caber* und *decir* dienen:

CABER [...] es anómalo recibiendo la *q* y la *p* en algunas personas de los tiempos presentes [...] y en los pretéritos mudando la *a* en *u*, y la *b* en *p*: como yo cupe, tu cupiesses [...]

DECIR [...] Tiene este verbo las anomalías de mudar la *c* en *g* en la primera persona del presente de indicativo [...] También la muda en *x* en el pretérito de indicativo y de subjuntivo: como yo dixe, yo dixera y dixiesse, & etc. Así mismo muda en algunos tiempos la *e* en *i* [...][131]

Diese kritische Haltung hat allerdings nicht zur Folge, dass in der RAE-Grammatik „regelmäßig" konjugierte (d.h. schwache) Formen anstelle der „unregelmäßigen" empfohlen oder auch nur aufgeführt werden.

3.5. Analogische Entwicklungen der Simplex-Stämme

Wir fassen zusammen. Als Ergebnis der historischen Entwicklung präsentiert sich im heutigen Spanisch ein morphologisches System, in dem eine große Gruppe von Verben mit schwachen *pretérito perfecto simple*-Formen einer vergleichsweise kleinen Gruppe mit starker Konjugation gegenübersteht. Letztere gehören nach Ansicht der meisten Grammatiker zusammen mit den Suppletiva zu den „unregelmäßigen" Verben.

---

130   RAE 1771, 162 f.
131   RAE 1726, unter *caber* bzw. *decir*. Bei anderen starken Verben begnügen sich die Autoren des Wörterbuchs mit der bloßen Auflistung der „unregelmäßigen" Formen. Vgl. z.B. die Einträge *poder* und *poner*: „PODER . En los pretéritos la muda [= la *o*] en *u*: como pudo, pudiera ..."; PONER ... En los pretéritos muda la *on* en *us*: como puse, pusiera."

Das Attribut „Unregelmäßigkeit" ist jedoch, wie bereits erwähnt wurde, zu pauschal, um unterschiedslos auf alle Verben angewandt zu werden, die sich nicht dem schwachen Konjugationsschema zuordnen lassen. Die starken Formen des *pretérito perfecto simple* weisen in ihrer Gesamtheit durchaus bestimmte Regularitäten auf. Hier sind nicht nur die Endungen der 1. und 3. Person zu nennen, die immer gleich sind (*-e* bzw. *-o*), sondern auch gemeinsame phonetische Eigenschaften der Stämme.

Die ungewöhnliche Lautentwicklung der *pretérito*-Formen bestimmter starker Verben ist in der historischen Grammatik wiederholt thematisiert worden. Zwar ist die Entstehung des altkastilischen Vokals *o-* bzw. *-o-* (neukastilisch *-u-*) in Formen wie *ove* (< lat. HABUĪ, neukast. *hube*) oder *sope* (< lat. SAPUĪ, neukast. *supe*) unschwer mit den Regeln der historischen Phonetik zu erklären.[132] Bei Formen wie *tuve* (altkastilisch vielfach noch *tove*) < lat. TENUĪ ist dies schwieriger. Naheliegend ist hier die Rückführung auf Analogie zu Formen wie *ove* und *sope*.[133] Der schon mehrfach erwähnte Javier Elvira geht (unter Berufung auf Thomas Montgomery) jedoch noch einen Schritt weiter. Er vergleicht die Lautentwicklung der Stammvokale aller Verben mit starkem *pretérito perfecto simple* und stellt fest, dass sich bei ihnen ganz überwiegend ein Übergang hin zu den geschlossenen Vokalen *-i-* und *-u-* vollzogen hat. Diese Wandlungserscheinungen stehen im Zusammenhang mit der Entstehung eines Netzwerks, dessen Bestandteile im Sinne des von Wittgenstein her bekannten Konzepts der Familienähnlichkeit (Elvira spricht von „parecidos de familia") miteinander verbunden sind. Diesem Muster entsprachen ursprünglich auch die *pretérito*-Formen von Verben wie *traer* (altkastilisch *truxe/truxo*). Trotz der späteren Entwicklung hin zum offenen Stammvokal *-a-* (*traje/trajo*) bleibt eine Verbindung zu den Nachbarformen im Netzwerk bestehen. Sie wird außer durch die Stammvokale durch die entsprechenden Konsonanten gewährleistet.

> [...] podemos observar que cualquier pretérito fuerte del español comparte siempre con algún otro al menos un elemento, que es común de la fonética vocálica o consonántica de su radical; [...], las vocales *i* y *u* desempeñan un papel esencial en este juego de

---

132   Vgl. Penny 2008, 256, sowie García de Diego 1970, 248 f. Allgemeiner schon Hanssen 1910, 86 ff. Der Wandel von *-a-* zu *-o-* in Formen wie *ove* oder *sope* ist auf Verschmelzung des *-u-* der Endsilbe mit dem *-a-* des Stamms zurückzuführen. Der so entstandene Diphthong *-au-* entwickelt sich dann weiter zu *-o-* und später zu *-u-*.

133   Elvira 1998, 210, stellt mit gewisser Verwunderung fest, dass sowohl Meyer-Lübke als auch Fouché in diesem Fall die Analogie als Erklärung ablehnen und stattdessen auf gewagte phonetische Deutungsmuster zurückgreifen.

relaciones, en el que participan también unas consonantes (*j*, *p*, *b/v*, etc.), lo que configura una morfología del pretérito basada en una „red asociativa" de naturaleza diferente a la puramente morfemática; nótase que en estas redes no hay pretéritos aislados, pues cada uno de ellos presenta siempre una conexión formal con al menos uno de los otros.[134]

Das entstandene Netzwerk hat folgende Struktur:[135]

vine	*cupe = supe*
quise		
hice	*hube*
dije	*estuve*
	anduve
conduje	
puse traje	

Neu hinzukommende Wörter werden durch die „presión colectiva" des Netzwerks (den „gang effect" nach Stemberger und MacWhinney) in die bestehenden Strukturen integriert. Die Verben des Netzwerks sind bzw. waren nach Montgomery und Elvira zusätzlich durch ein inhaltliches Moment miteinander verbunden. Es handelt sich hierbei um den bereits erwähnten „valor semántico estativo", der im Verlauf der historischen Entwicklung allerdings an Gültigkeit verloren hat (s. Kap. 2.1.).[136]

3.6. Heutige Dialekte und heutiges Substandardspanisch

Die Darstellung der Morphologie des *pretérito perfecto simple* in den älteren Grammatiken erweckt den Eindruck, als sei der Wandlungsprozess von den starken zu den starken Formen des *pretérito perfecto simple* mit der beginnenden Neuzeit im

---

134 Elvira 1998, 212. Zur Formulierung „parecidos de familia" vgl. ebd., 211.

135 Elvira 1998, 212.

136 Zum semantischen Moment vgl. auch Elvira 1998, 208; zu den Termini „presión colectiva" und „gang effect" ebd., 212. Das beschriebene Netzwerk ist in der hier beschriebenen Form kennzeichnend für das Kastilische. In den benachbarten iberoromanischen Dialekten bzw. Sprachen, in denen die phonetische Entwicklung andere Wege genommen hat, stellt sich auch die Organisation der starken Formen als Netzwerk anders dar. Elvira nennt als Beispiele asturische und leonesische Lokolekte (vgl. ebd., 213 f.). Die grundsätzliche Strukturierung der *pretérito*-Formen in Form einer „red asociativa" ist jedoch auch dort gegeben.

Wesentlichen abgeschlossen. Auch die neueren Grammatiken des Spanischen, die in ihrer Mehrzahl normativ ausgerichtet sind, nennen im Allgemeinen bei den betreffenden Verben nur die starken Formen, ohne auf eventuell existierende, konkurrierende schwache Bildungen einzugehen.[137] Ähnliches gilt für die meisten Wörterbücher, vor allem für das *Diccionario de la Real Academia*, das sich überwiegend auf literarische Textbelege aus vergangenen Jahrhunderten stützt.[138]

Eine Ausnahme unter den Grammatiken bildet die hier schon vielfach erwähnte *NGLE*. Sie listet in den entsprechenden Kapiteln neben den „korrekten" auch zahlreiche „irreguläre" Formen des *pretérito perfecto simple* auf.[139] Auch eine neuere lexikographische Veröffentlichung der Real Academia, nämlich das *Diccionario panhispánico de dudas*, weist in einigen (allerdings sehr wenigen) Fällen auf die Existenz solcher konkurrierender Formen hin. Dies gilt etwa für das *pretérito perfecto simple* der Verben *andar* und *conducir*. Hier kommen im alltäglichen Sprachgebrauch neben den „korrekten" starken Formen (*anduve/anduvo; conduje/condujo*) auch schwache („regelmäßige") vor:

> Las formas con la raíz irregular *anduv-* [...] son las únicas hoy admitidas en la norma culta. Así, no se consideran correctas las formas de estos tiempos con *and-* [...]*andé, *andaste, *andara [...][140]

> [...] en el habla descuidada se escuchan a veces formas regularizadas en el pretérito perfecto simple o pretérito de indicativo, que no son correctas: *conducí, *conduciste, conoció [...][141]

Auf die Existenz von Formen wie *andé* weist auch schon Rafael Lapesa in seiner Sprachgeschichte hin; er attestiert ihnen sogar eine weite Verbreitung in den Substandardvarietäten („el vulgo de todas las regiones tiende a restringir irregularidades verbales, diciendo *andé* por *anduve*"[142]). Javier Elvira stellt ganz allgemein eine gewisse Häufigkeit dieser Formen im Gebrauch

---

137 In dem rein deskriptiv arbeitenden Esbozo von 1973 hingegen (hier zitiert als RAE 1981) finden sich keine Hinweise auf nicht normkonforme Perfektformen.

138 So bemerkt Leal Abad zur Akademiegrammatik von 1931: „Predominan los textos del Siglo de Oro, siguen los del XIX y, a mayor distancia, los del XVIII. No hay referencias, pues, a ejemplos extraídos de publicaciones periodísticas" (Leal Abad 2016, 158).

139 Vgl. *NGLE*, Kap. 4.10–4.12.

140 *DPD*, unter *andar*.

141 *DPD*, unter *conducir*. In Bezug auf die übrigen starken Verben ist das *DPD* unergiebig.

142 R. Lapesa 1981, 470.

fest, wobei er zugleich darauf hinweist, dass die Verständigung darunter nicht leidet:

> El hecho que determinadas palabras o expresiones estén „mal" construidas puede ser irrelevante desde el punto de vista del hablante; muchos españoles construyen frases como *Ayer andé de cabeza todo el día,* sin que la eficacia comunicativa del mensaje se vea afectada por el distanciamiento de la norma.[143]

J. de Bruyne sieht in der Existenz derartiger Formen ein generelles „Merkmal der Volkssprache" und ihrer „Neigung, unregelmäßige Formen zu eliminieren."[144]

Auf die morphologische Entwicklung der *pretérito*-Formen in den unterschiedlichen Dialekten kann hier nur punktuell eingegangen werden. Verschiedene Studien zeigen, dass Entwicklungen hin zum schwachen *pretérito perfecto simple* hier auch noch bei anderen Verben als den bisher beschriebenen zu beobachten sind. Die betreffenden Erscheinungen sind vor allem in solchen Mundarten zu beobachten, die nicht dem Kastilischen im engeren Sinne zuzurechnen sind. Besonders gründlich untersucht wurde schon vor Jahrzehnten der Dialekt von Bielsa/Aragón. Der Autor, Antonio Badia, wies nach, dass hier bei vielen Verben, die im Normkastilischen der starken Gruppe zugerechnet werden, schwache Formen der 1. und der 3. Person des *pretérito perfecto simple* gebräuchlich sind. Dies gilt u.a. für die folgenden Verben:[145]

(I)   *Estar: estié, estió,*

(II)   *Poder: podié, podió,*

(III)   *Querer: querié, querió,*

(IV)   *Tener: tenié, tenió,*

(V)   *Venir: venié, venió,*

(VI)   *Trayer: trayé, trayó,*

(VII)   *Hacer: fayé, fayó.*

Aus einer anderen Quelle (Zamora Vicente) können verschiedene Formen ergänzt werden: *haber: habié* (= *hube*), *hacer: fazié* (= *hice*), *querer: querié*

---

143   Elvira 1998, 11.

144   De Bruyne 1993, 391, § 978. Der Autor zitiert auch eine (vermeintlich) schwache *pretérito*-Form von *decir.* Hiernach verwendet in einem Roman von J. Goytisolo eine „einfache Frau" anstelle des normkonformen *dije* die schwache Form *decí.* Die Textstelle bei Goytisolo belegt allerdings eindeutig, dass es sich nicht um eine *pretérito*-Form, sondern um eine Variante des Infinitivs handelt („sin nada más que decí").

145   Badia 1950, 143. Vgl. auch Elvira 1998, 130; sowie Zamora Vicente 1996, 258, 271/n. 38 und 274.

(= *quise*) und *saber*: *sabié* (= *supe*).[146] Die aufgeführten Formen weisen nicht nur die typischen Endungen der schwachen *pretérito*-Konjugation auf; sie bewahren auch – wie es den schwachen Verben des Kastilischen meist der Fall ist – den Vokal des Verbstamms.

Teilweise finden sich im Dialekt von Bielsa/Aragón auch solche Verben, welche schwache Endungen aufweisen, bei denen aber beim Stamm dennoch – wie bei den aus der Norm bekannten starken Formen – eine Vokalalternanz eintritt: *decir*: *dicié* (= *dije*). In benachbarten Mundarten (Valle de Aragüés) gilt dies auch für das Verb *hacer*: *ficié* (= *hice*).[147] In anderen Dialekten ändert sich auch der auf den Stammvokal folgende Konsonant. Dies ist der Fall im Dialekt von Panticosa (wiederum Aragón): *Dijié, dijió*.[148]

Ähnliches ist auch im Leonesischen zu beobachten; so nennt Zamora Vicente u.a. die *pretérito*-Formen *poní/punió* (in der Region Cabrales, zu *poner*); *traí/trayó* (Ribera del Duero, zu *traer*) sowie *hací/hació* (zu *hacer*).[149]

Es hat somit, zusammenfassend betrachtet, den Anschein, als würde der Prozess des Übergangs von der starken zur schwachen Konjugation, der in der Normsprache inzwischen zum Stillstand gekommen ist, sich heute in bestimmten Lokal- und Substandardvarietäten fortsetzen. Allerdings erlaubt die sehr lückenhafte Beleglage hier keine generalisierenden Aussagen. Zu beachten ist auch, dass vereinzelt auch Entwicklungen belegt sind, die einer eventuell anzunehmenden, allgemeinen Tendenz hin zu den schwachen Formen zuwiderlaufen: In den „hablas rurales" leben teilweise auch starke Formen fort, die in der „lengua estándar" aufgegeben wurden. So stellt, um nur ein Beispiel zu nennen, das *Diccionario panhispánico de dudas* in Bezug auf das Verb *ver* fest, dass die starke Perfektform *vide* in bestimmten Lokolekten noch nicht außer Gebrauch gekommen ist:

> Debe evitarse el empleo de la forma *vide*, en lugar de *vi*, uso que pervive en algunas hablas rurales, pero que no pertenece a la forma culta del español actual: **Desde atrás vide que tenía usté curiosidá.*[150]

---

146   Zamora Vicente 1996, 271 f.
147   Vgl. Zamora Vicente 1996, 258 und 273. Auch erwähnt bei Elvira 1998, 131 f.
148   Vgl. wiederum Elvira 1998, 132, sowie Zamora Vicente 1996, 275.
149   Zamora Vicente 1996, 194/195 bzw. 198.
150   *DPD*, unter *ver*. Das Zitat ist einem mexikanischen Text entnommen. Die Form kommt auch im heutigen Andalusisch noch vor. Dort wird es als „vulgarismo" eingestuft (Narbona e.a. 2003, 237). Vgl. auch Lapesa 1981, 470 (= § 116⁷).

3.7. Wortneubildungen und Entlehnungen

Abschließend soll noch kurz auf den Zusammenhang zwischen *pretérito*-Flexion und Wortbildung im heutigen Normspanisch eingegangen werden. Es fällt auf, dass die große Mehrzahl der neu gebildeten Verben der Klasse mit den Infinitivendungen -*ar*, -*ear*, -*izar* und -*ificar* angehört. Dieser Neubildungstyp ist bekanntlich ausgesprochen vielfältig; als Basis können hier Wörter unterschiedlicher Wortklassenzugehörigkeit dienen: Nominalstamm (evtl. + Infix) + Suffix (*archivo > archivar, escándolo > escandalizar*), Adjektivstamm + (+ Infix) + Suffix (*público > publicar, débil > debilitar*), Adverbialstamm + Suffix (*adelante > adelantar*), Pronominalstamm + Suffix (*tú > tutear*), Verbalstamm (+Infix) + Suffix (*pintar > pintarrajear*[151]). Für die hier verfolgte Fragestellung ist festzuhalten, dass unabhängig von der Vielfalt der Endungen diese Neubildungen allesamt der Gruppe mit schwachem *pretérito perfecto simple* angehören .

Dasselbe gilt für die neugebildeten Verben mit Infinitiv auf -*er*.[152] Auch hier kommen als Basis unterschiedliche Wortarten in Frage. Ein großer Teil der neu gebildeten Verben entfällt auf die Gruppe mit der Endung -*ecer* (z.B. *enriquecer, enloquecer, envejecer;*[153] *amanecer, blanquecer, clarecer, humedecer, o(b)scurecer, palidecer, robustecer, favorecer, florecer*).[154] Auch diese Verben bilden das *pretérito perfecto simple* (wie auch die mit dem Infinitiv auf -*ar*) durch Anhängung der Flexionsendung -*í* bzw. -*ió* an den Stamm (*enriquecer: enriquecí/enriqueció, blanquecer: blanquecí/blanqueció* usw.). Sie zählen also zur Gruppe mit schwachem *pretérito perfecto simple.*

Zu erwähnen sind schließlich noch jene Verben, die in moderner Zeit auf der Basis von Lehnwörtern aus anderen Sprachen neu gebildet wurden. Besonders zahlreich sind hier, wie nicht anders zu erwarten, die Übernahmen aus dem Englischen bzw. aus der nordamerikanischen Varietät dieser Sprache. Beispiele sind etwa *aparcar* „parken" (< engl. *to park*), *boxear* „boxen" (< engl. *to box*), *chutar* „schießen" (< engl. *to shoot*), *filmar* „filmen" (< engl. *to film*) oder

---

151 Typisierung und Beispiele nach Thiele 1996, 183. Vgl. auch Reiner 1993, 689–694, sowie Lang 2009, 214–216. Die Dominanz der 1. Konjugationsklasse bei den Neubildungen wird auch festgestellt durch Nord 1986, 26.

152 Neubildungen von Verben mit den Infinitivendungen -*ir* kommen allem Anschein nach nicht vor.

153 Diese erste Gruppe besteht durchgängig aus Parasynthetika. Beispiele nach Lang 2009, 216. Viele weitere Beispiele u.a. bei de Bruyne 1993, 388 f. (§ 972).

154 Vgl. Thiele 1996, 186.

entrenar „trainieren" (< engl. *to train*).[155] Es gibt aber auch zahlreiche Verben, die ihren Ursprung der Entlehnung aus anderen Sprachen als dem Englischen verdanken. Zu diesen gehören Gallizismen wie *controlar* „kontrollieren" (< frz. *contrôler*) oder *dimisionar* „zurücktreten" (< frz. *démissionner*). Hinzu kommen diverse „gitanismos" wie *achantar* „einschüchtern", *diquelar* „begreifen, kapieren", *guillarse* „verrückt werden" oder *pirárselas* „abhauen, verschwinden", ferner Entlehnungen aus Sprachen wie dem Hebräischen (*enheremar* „exkommunizieren") oder dem Arabischen (*aljadrar* „anwesend sein", *jorrear* „[ein Fischernetz] schleppen").[156] Nach Angabe von Jacques de Bruyne kommen in der Sprache spanischer Arbeitsmigranten im französischen und deutschen Sprachraum auch entsprechend gebildete verbale Entlehnungen aus den Sprachen der Gastgeberländer vor, wie z.B. *ratear* (*el tren*) „(den Zug) verpassen" (< frz. *rater le train*), *wartear* „warten" oder sogar *kuchenear* „Kuchen essen."[157] Die zuletzt genannten Wortneubildungen mögen eher humoristisch gemeint sein; sie werden mit Sicherheit nicht in den spanischen Allgemeinwortschatz eingehen. Entscheidend für die hier behandelte Thematik ist jedoch, dass sie – wie auch die oben genannten Neubildungen – allesamt der Konjugation mit dem Infinitiv auf *-ar* oder *-ear* angehören – und damit der Gruppe mit schwachem *pretérito perfecto simple*.[158]

---

155 Beispiele überwiegend nach Alvar/Pottier 1987, 177. *Entrenar* nach *DPD*.

156 Alle Beispiele wiederum nach Alvar/Pottier 1987, 177 f. Die genannten Hebraismen und Arabismen dürften heute wenig gebräuchlich sein.

157 De Bruyne 1993, 355, Anm. 1.

158 Alvar/Pottier 1987, 177, stellen generalisierend fest: „... la conjucación en *-ar* tiene plena vitalidad en español y a ella se incorporan formas nuevas o los verbos importados de otras lenguas." Vgl. auch Nord 1986, 26. Die von ihr genannten, aktuell in Neubildungen verwendeten Verbalsuffixe (*-izar*, *-ar*, *-ificar*, *-ear*) gehören alle zu den Verben mit schwacher Bildung des *pretérito*.

4 Historische Entwicklung der *pretérito-perfecto-simple*-Formen: Erklärungsansätze

Die Darstellung in Kapitel 3 hat deutlich gemacht, dass die Mehrzahl der Verben, die ursprünglich dem *starken* Konjugationsmuster angehörten, bereits im Mittelalter zum schwachen Schema überwechseln (sofern die Veränderung nicht bereits in lateinischer Zeit erfolgt ist). Dem Wandel entzogen hat sich bis heute nur eine sehr begrenzte Zahl einfacher Verben (*andar, aver, caber, dezir, fazer, querer, saber, tener, traer* und *venir*). Dasselbe gilt für eine Reihe abgeleiteter Wörter sowie für die Serie *aducir, conducir, producir* etc., also für Verben, die heute nicht mehr als Derivatformen gelten können. Die aufgezeigte Tendenz hin zur schwachen Bildung des *pretérito perfecto simple* zeigt sich auch in der Flexionsklassenzugehörigkeit der verbalen Neubildungen und Entlehnungen im heutigen Spanisch.

Die aufgezeigten Wandlungserscheinungen haben den Gründungsvater der romanischen Philologie, Friedrich Diez, zu der Aussage veranlasst, im Spanischen sei die „starke Flexionsart ... bis auf einige Überreste erloschen.“[159] Diese Aussage ist sicherlich übertrieben, zumal sie sich nur auf die Simplizia zu beziehen scheint, die ja (wie hier in Kap. 2 dargestellt) nur einen Teil der betroffenen Verben ausmachen. Nicht zu bestreiten ist aber, dass auch bei Einbeziehung der Derivatwörter die Zahl der verbliebenen Verben mit starkem *pretérito perfecto simple* im Vergleich zu jenen mit schwacher Konjugation sehr niedrig (bzw. sehr niedrig geworden) ist – auch im Vergleich zu den übrigen romanischen Sprachen. Es liegt hier eine Entwicklungstendenz vor, die eine größere Anzahl lexikalischer Phänomene erfasst und erhebliche Konsequenzen für das grammatische System gehabt hat. Der amerikanische Linguist Edward Sapir hat für derartige Phänomene den Terminus „drift" vorgeschlagen. Seiner Ansicht können die Auswirkungen des „drift" noch sehr viel weiter reichen, als dies bei den hier beschriebenen Wandlungen der Fall ist:

---

159   Diez 1871, 182. In der Neuauflage seiner Grammatik äußert Diez sogar die Ansicht, „der Spanier" sei (zusammen mit „dem Portugiesen") der starken Perfektbildung „gänzlich abhold" (Diez 1882, 501).

Language moves down time in a current of its own making. It has a drift. If there were no breaking up of a language into dialects, if each language continued as a firm, self-contained unity, it would still be constantly moving away from any assignable norm, developing new features unceasingly and gradually transforming itself into a language so different from its starting point as to be in effect a new language.[160]

Sapir geht davon aus, dass der „drift" seinen Ausgangspunkt meist in den Substandardregistern hat und dann schrittweise auf die Normsprache übergreift. Dies kann allerdings im Falle des Spanischen, speziell was die Entwicklung der starken und der schwachen Verben angeht, nicht verifiziert werden. Der Wandel vollzieht sich ja, wie dargestellt, zum größten Teil in mittelalterlicher Zeit. Es handelt sich um eine Epoche mit begrenzter Datenmenge und relativer Homogenität der verfügbaren Quellen (meist literarische, historische oder juristische Texte, die ausschließlich schriftlich überliefert sind). Das Vorkommen „regulärer", also schwacher Formen des *pretérito perfecto simple* in der heutigen Populärsprache und auch die in bestimmten Dialekten legt allerdings nahe, dass die Substandardvarietäten in der Tat durchaus Anstöße zu den hier behandelten morphologischen Wandlungsprozessen gegeben haben können.

4.1. Exkurs: Entwicklungen der starken und der schwachen Verben im Deutschen

Es stellt sich die Frage, welche Erklärungen sich in Bezug auf die beschriebene morphologische Entwicklung (d.h. die zunehmende Dominanz der schwachen Verben auf Kosten der starken) anbieten. An dieser Stelle ist es lohnend, in Form eines längeren Exkurses auf die diachrone Verbalmorphologie einer nicht-romanischen Sprache, nämlich des Deutschen, einzugehen. Schon bei der Abgrenzung der starken und der schwachen Verben wurde ja hier die übliche Definition der Germanistik als Ausgangspunkt gewählt (Kap. 1). Auch die historische Fragestellung ist in der Germanistik alles andere als neu – nach Andreas Bittner handelt es sich bei der Geschichte der starken und der schwachen Verben geradezu um

> [...] ein Lieblingsstück der germanistischen Linguistik, zwar eins mit tragischem Ausgang, aber vielleicht gerade deshalb immer wieder bearbeitet.[161]

---

160   Vgl. Sapir 1949, 150.
161   Bittner 1996, 54.

Von Andreas Bittner wurde mit seiner oben zitierten Dissertation auch die bisher umfassendste Darstellung der Entwicklung der starken und schwachen deutschen Verben (einschließlich eines ambitionierten Erklärungsversuchs) vorgelegt.

Im heutigen Deutsch ist, wie bereits in Kap. 2 dargestellt wurde, die Zahl der Verben mit starkem Präteritum gegenüber früheren Epochen zwar stark reduziert, aber dennoch ungleich höher als im Spanischen. Auch sind die Regeln zur Bildung der besagten Tempusformen wesentlich komplexer. So erlaubt der Stammvokal des Infinitivs noch weniger als im Spanischen Rückschlüsse auf die Bildung des Präteritums. Es heißt z.B. *bleiben-blieb* und *schreiben-schrieb*, aber *beißen-biss* und *leiden-litt*; sowie *fahren-fuhr* und *laden-lud*, aber *fangen-fing* und – wiederum anders gebildet – *schlafen-schlief*.[162] Das Verb *sehen* bildet das Präteritum *sah*; bei dem lautlich ähnlichen *gehen* dagegen heißt es *ging* usw. Teilweise entsteht beim Betrachter der Eindruck, dass es überhaupt keine Regeln mit weiterreichender Gültigkeit gibt. Andreas Bittner hat versucht, die unterschiedlichen lautlichen Zuordnungen der Stammvokale von Infinitiv-, Präteritum- und auch Partizipformen in dem folgenden Schema zu veranschaulichen:[163]

---

162 Beispiele nach DUDEN 2009, 450–454 (= § 631–636; von mir durch analoge Formen ergänzt).

163 Bittner 1996, 50. Nach Gerhard Wahrig sind bei den Ablautregeln der starken Verben des Gegenwartsdeutschen insgesamt 26 qualitativ verschiedene „Abtönungen" und 41 unterschiedliche „Abstufungen" wirksam (vgl. Wahrig 1984, 134).

Basisvokal (Infinitiv)	abgeleiteter Vokal I (Präteritum)	abgeleiteter Vokal II (Part. Perf.)	Verbbeispiele
ē			geben, heben, stehlen, werden, nehmen
e	ā	ē	bergen, dreschen, sprechen, messen
ī	a	e	fließen, biegen, liegen,
i		ō	binden, spinnen, glimmen, sitzen, schinden, bitten
ǟ		o	gären, gebären
ä		ī	hängen
ȫ	ō		schwören
ö	o	i	erlöschen
ǖ		ei	lügen
au	ī	ā	laufen, saufen, saugen
ei	i	a	reiten, bleiben, heißen
ū		au	rufen
ō	ū	ū	stoßen
o		u	kommen
ā	u		fahren, blasen
a			schaffen, fallen, fangen, schallen

Der norwegische Germanist Bjarne Ulvestad hat die Problematik numerisch aufgearbeitet. Er unterscheidet bei den etwa 170 nicht-abgeleiteten starken Verben des heutigen Deutsch nicht weniger als

[...] 48 unterschiedliche Klassen, von denen nur 4 mehr als 10 Verben enthalten.[164]

Die beschriebene Situation macht deutlich, warum die starken Verben auch im Deutschen ein erhebliches didaktisches Problem darstellen. Die Komplexität und das Fehlen unmittelbar einsichtiger Regeln zur Bildung der starken

---

164 Zitiert nach H. Weber 1980, 165b. Vgl. auch ebd.: „Die starken Verben besitzen bis zu vier Stammallomorphe ... Eine einfache Klassifikation ist synchronisch nicht möglich."

Präteritumformen dürfte demjenigen, der Deutsch als Fremdsprache lernt, noch schwerer fallen als dem Spanischlernenden die Konjugation des *pretérito perfecto simple*. Die übliche Strategie ist denn auch das Auswendiglernen von Listen. Die Präterita der schwachen Verben des Deutschen hingegen dürften dem Lernenden nur wenige Probleme bereiten.

Wir kommen zur historischen Perspektive. Die heutige Situation in der Verbalmorphologie des Deutschen ist – wie auch beim Spanischen – das Resultat eines jahrhundertelangen Wandlungsprozesses. Schon im Althochdeutschen gab es den Gegensatz der Verben mit starkem und mit schwachem Präteritum. Anders als in der heutigen Sprache existierten jedoch in dieser Epoche (und auch in der nachfolgenden des Mittelhochdeutschen) klare Indizien, welche die jeweilige Gruppenzugehörigkeit der Verben anzeigten. Aus der Endung des Infinitivs war eindeutig zu ersehen, welcher der beiden Verbgruppen das einzelne Wort jeweils angehörte. Starke Verben endeten im Infinitiv auf *-an*, schwache auf *-en*, *-ôn* oder *-ên*. *Rîtan* oder *swiman* waren auch ohne Kenntnis der Form des Präteritums als starke Verben erkennbar; *hôren*, *salbôn* oder *klebên* als schwache.[165] Es war also

> [...] im Germ., Adh. und Mhd. weitgehend möglich, jedem Verb aufgrund der Lautstruktur des Infinitivs [...] eine bestimmte Ablautreihe zuzuweisen.[166]

Bei diesem relativ durchsichtigen Regelsystem ist es bekanntlich nicht geblieben – im heutigen Deutsch enden alle Verben im Infinitiv auf *-en* oder *-n*. Die Möglichkeit der Zuordnung der Form des Präteritums zum Infinitiv besteht damit nicht mehr.[167]

In der germanistischen Literatur wird regelmäßig auf die hier schon erwähnte Tatsache hingewiesen, dass die Zahl der deutschen Verben mit starkem Präteritum seit dem Mittelhochdeutschen kontinuierlich abgenommen hat. Diesbezüglich besteht also eine Parallele zum Spanischen. Die komplizierten lautlichen und morphologischen Wandlungsprozesse, die hier stattgefunden haben, brauchen in der vorliegenden Studie nicht im Detail dargestellt zu

---

165   Vgl. August 1977, 137 f. In der Germanistik werden die starken Verben vereinzelt auch als „Wurzelverben" bezeichnet, die schwachen hingegen als „abgeleitete Verben" (vgl. August 1977, 138). Der Terminus „abgeleitete Verben" impliziert die Möglichkeit der Verwechslung mit den Derivatformen aus dem Bereich der Wortbildung. Ich verzichte deshalb auf die Verwendung dieser Termini.

166   August 1977, 153.

167   Die lautlichen Entwicklungen, die zu diesem Wandel geführt haben, werden bei August 1977, 161 dargestellt.

werden.[168] Ich beschränke mich hier auf die Wiedergabe der Resultate. Gerhard Augst nimmt für das Althochdeutsche noch 349 (einfache) starke Verben an;[169] für das Neuhochdeutsche beziffern er und auch Andreas Bittner ihre Zahl nur noch auf etwa die Hälfte (s.o.). Die entscheidende Phase scheint hierbei der Übergang vom Mittelhochdeutschen zum Neuhochdeutschen gewesen zu sein. Während im Mittelhochdeutschen die Zahl der Verben mit starkem Präteritum noch über 300 betrug und sogar Neubildungen mit diesem Konjugationstyp vorkamen,

> [...] verringert sich vom Mhd. zum Nhd. [...] die Gesamtzahl der stVV um 50%. Es gibt überhaupt keine Neu- oder Rückbildungen mehr [...][170]

Profitiert haben von dieser Entwicklung, wie nicht anders zu erwarten, die schwachen Verben. Viele ursprünglich stark flektierende Wörter sind im Laufe der Entwicklung zum schwachen Konjugationsschema übergetreten (Beispiele: *bannen: bannte; bellen: bellte, greinen: greinte, hinken: hinkte, kneten: knetete; nagen: nagte; schmiegen: schmiegte; waten: watete*[171]). Der Trend hin zu den schwachen Formen scheint sich in der heutigen Zeit noch fortzusetzen.[172] Schwankungen in der Bildung des Präteritums (mit einer Tendenz hin zur Bevorzugung der schwachen Formen) bestehen derzeit beispielsweise bei *backen* (es existieren die Formen *buk* und *backte*), *gären* (*gor* und *gärte*), *saugen* (*sog* und *saugte*) und bei anderen Verben mehr.[173] In einigen wenigen Fällen werden diese Doppelentwicklungen zu semantischen Differenzierungen genutzt (z.B. *hängen: hängte* bei transitiver Verwendung des Verbs, *hing* bei intransitivem Gebrauch[174]); anstelle einer Verdrängung der starken Form kommt es hier also zu einer Funktionsteilung. Dies stellt allerdings eine

---

168   Ausführliche Beschreibung bei Bittner 1996, Kap. 3 (113–174).

169   Vgl. Augst 1977, 160.

170   Augst 1977, 161.

171   Beispiele nach Bittner 1996, 171. Die alten Präterita lauteten nach dem Grimmschen Wörterbuch *bannen: bien, bellen: boll, hinken: hank, kneten: knat, nagen: nug; schmiegen/smiegen: smuoc, waten: wuot* (Grimm/Grimm 1854 ff.).

172   Beispiele: *backen* (*buk, backte*), *hauen* (*hieb/haute*), *saugen* (*sog/saugte*) usw. Vgl. Wurzel 1984, 72.

173   Beispiele wiederum nach Wurzel 1984, 72, und Wurzel 2000, 44. Weiteres Material bei Wegera 1985, 1508.

174   Beispielsätze: *Er hängte den Mantel in den Schrank* (transitiv) vs. *Der Mantel hing im Schrank* (intransitiv). Weitere Verben mit Bedeutungsdifferenzierung im Präteritum: *Bewegen* (*bewog-bewegte*), *erschrecken* (*erschrak-erschreckte*). Vgl. DUDEN 2009, 454 (= § 636).

Ausnahmeerscheinung dar. Schließlich ist auch noch festzustellen, dass neu in die deutsche Sprache aufgenommene Verben (sowohl Entlehnungen als auch Neubildungen) immer der Gruppe mit schwacher Bildung des Präteritums zugewiesen werden. Beispiele für Entlehnungen sind etwa *filmen* (von engl. *to film*; das deutsche Präteritum lautet *filmte*, ist also schwach), *streiken* (von engl. *to strike*, dt. Präteritum *streikte*) oder das heute schon wieder weniger gebräuchliche *swingen* (von engl. *to swing*, dt. Präteritum *swingte*). Bei den zitierten Wörtern mag die Herkunft aus dem Englischen nicht mehr offensichtlich sein. Jedoch folgen auch neu hinzu gekommene Verben mit eindeutig fremdsprachlicher Herkunft dem schwachen Konjugationsmuster (*downloaden – downloadete*). Bei bestimmten Neubildungen, die keine fremdsprachliche Basis haben, verhindern zuweilen nur phonetische Probleme den Gebrauch der schwachen Formen. So ist etwa bei dem neu gebildeten Verb *röntgen* die Verwendung eines schwachen Präteritums (*röntgte? röntgete?*) wohl wegen der ungewöhnlichen Konsonantenabfolge unüblich.[175]

Der „drift" hin zu den schwachen Formen ist also im Deutschen auch heute noch gegeben. Er ist zwar angesichts der immer noch relativ hohen Zahl der Verben mit starkem Präteritum weniger stark ausgeprägt als der im Spanischen. Der bereits mehrfach erwähnte Andreas Bittner hielt ihn aber für weitreichend genug, um seiner Dissertation den bezeichnenden Titel *Starke „schwache" Verben, schwache „starke" Verben* zu geben.[176]

4.2. Regularisierungstendenzen: Der natürlichkeitstheoretische Erklärungsansatz

4.2.1. Grundsätzliche Annahmen

Es erscheint plausibel, dass die Verben mit schwachem, nach relativ einfachen Regeln zu bildendem Präteritum beim historischen Wandel (der ja in einem fortgesetzten Erlernen sprachlicher Regeln durch die jeweils neue Generation besteht) größere Chancen auf Erhaltung haben als die schwierigeren starken Verben. Der oben erwähnte Andreas Bittner begnügt sich bei der Erklärung der aufgezeigten Wandlungen im Deutschen jedoch nicht mit dieser einfachen

---

175　Beispiele nach Wurzel 1984, 72. Zu *röntgen* vermerkt Hermann/Götze 1999: „Präteritum nicht üblich." Das Partizip *geröntgt* dürfte häufiger vorkommen; es gehört der schwachen Konjugationsklasse an.

176　Bittner 1996. Das Thema wurde auch von Bittners Lehrer Wurzel verschiedentlich angesprochen; vgl. etwa Wurzel 1984, 168, oder Wurzel 2000, 44.

Feststellung. Er stützt sich vielmehr auf die eine Theorie des morphologischen Wandels, die zu seiner Zeit intensiv in der Sprachwissenschaft diskutiert wurde. Es handelt sich um die sog. „morphologische Natürlichkeitstheorie" bzw., genauer gesagt, auf die von Bittners Lehrer Wolfgang Ullrich Wurzel weiterentwickelte Version derselben.

Die Natürlichkeitstheorie stellt zwar nicht mehr den neuesten Ansatz in der morphologischen Diskussion dar; sie wurde aber bisher im romanistischen Zusammenhang nur selten diskutiert und soll deshalb hier etwas ausführlicher behandelt werden.[177] Nachfolgend referiere ich zwar nächst ihre Anwendung auf das Deutsche; dies dient aber nur als Ausgangspunkt für den Versuch, die Erklärungskraft der Theorie für die Entwicklung des der starken und schwachen Verben des Spanischen zu überprüfen.

Die Grundlagen der morphologischen Natürlichkeitstheorie wurden im deutschen Sprachraum vor Allem durch Willi Mayerthaler formuliert.[178] Seitdem hat sie im Laufe der Jahrzehnte eine ganze Reihe unterschiedlicher Weiterentwicklungen erfahren. Im Mittelpunkt all dieser Ansätze steht (der Name weist darauf hin) das Konzept der „Natürlichkeit." Die Vertreter der Theorie sind der Auffassung, dass der Aufbau einzelsprachiger morphologischer Systeme nicht ein Produkt zufälliger Entwicklungen ist, sondern bestimmten, universell gültigen „Natürlichkeitsprinzipien" gehorcht. Hierbei verstehen sie „Natürlichkeit" als

> [...] ein Bewertungsprädikat für grammatische Erscheinungen [...] In natürlichen Sprachen vorkommende grammatische Strukturen sind nicht gleichwertig; sie unterscheiden sich in ihrem Status.[179]

Als Gegenpol zum Begriff der morphologischen „Natürlichkeit" fungiert das Konzept der „Markiertheit." Dieses ist nicht im traditionellen Sinne als „Merkmalhaftigkeit" zu verstehen. Als „markiert" gilt vielmehr in der Tradition Joseph H. Greenbergs und W. Mańzaks Alles, was „weniger normal, weniger frequent, weniger weit verbreitet" ist.[180] „Natürliche" morphologische Strukturen sind weiter verbreitet als „markierte", sie werden beim kindlichen Spracherwerb früh erlernt; und sie zeigen sich vergleichsweise resistent gegen wie auch immer beschaffene

---

177   Einen anschaulichen Überblick über die morphologische Natürlichkeitstheorie und die Möglichkeiten ihrer Anwendung auf bestimmte Bereiche der Grammatik des Französischen bietet Martinez Moreno 1991.

178   Vgl. z.B. Mayerthaler 1980.

179   Bittner 1996, 8.

180   Martinez Moreno 1993, 51. Es handelt sich bei dem Zitat um die Wiedergabe bzw. Übersetzung einer Formulierung von W. Mańczak.

„Sprachstörungen."[181] Im Sprachsystem kann das Prinzip der Natürlichkeit in unterschiedlichen Graden realisiert sein.

Natürliche morphologische Strukturen gehorchen bestimmten Grundprinzipien. Zentral ist hierbei der Grundsatz, nach dem

> [...] die Asymmetrie zweier Kategorien hinsichtlich ihrer semantischen Markiertheit auf eine entsprechende Asymmetrie der Symbolisierung abgebildet wird. Morphologische Natürlichkeit liegt immer dann vor, wenn in diesem Sinne einem semantischen „Mehr" auch ein morphologisches „Mehr" entspricht.[182]

> [Angenommen wird] ein ikonisches Prinzip, jeder Inhaltskomponente möglichst auch eine Ausdruckskomponente 1:1 zuzuordnen – je komplexer der Inhalt, umso aufwendiger auch der entsprechende Ausdruck [...][183]

Ein Beispiel für die Wirksamkeit dieses Prinzips ist die Bildung des Präteritums im Deutschen. Andreas Bittner, dessen Darstellung hier zugrunde gelegt wird, geht davon aus, dass das Präsens das „natürlichste" der Tempora darstellt, da der Mensch ja in der Gegenwart lebt. Die übrigen Tempora (einschließlich des in unserem Fall diskutierten Präteritums) sind demgegenüber semantisch komplexer und dementsprechend morphologisch aufwändiger (also „markiert"). Ebenso gilt, dass die Einzahl semantisch weniger komplex als die Mehrzahl ist; auch dies kommt morphologisch in der aufwändigeren Pluralform zum Ausdruck.

Nachfolgend Bittners Darstellung des Kontinuums der Natürlichkeit/Markiertheit:[184]

	1.Sg. Prät.	Infinitiv
unmarkiert	*sag-te*	*sag-en*
	hat-te	*hab-en*
	brach-te	*bring-en*
	g-ing	*geh-en*
markiert	*war*	*sein*

---

181 Vgl. Mayerthaler 1980, 2, sowie Bittner 1996, 8.

182 Wurzel 1984, 75.

183 Werner 1987, 295 f. Werner, der der Natürlichkeitstheorie in der hier präsentierten Fassung kritisch gegenübersteht, stellt u.a. die grundsätzliche Frage, ob nicht ganz im Gegenteil „Verschmelzung und Reduktion" der sprachlichen Einheiten als „natürlich" gelten müssen (Werner 1989, 36). Die Frage wird unten wieder aufgegriffen.

184 Bittner 1996, 12. Bereits Dubois 1967, 56–79, versucht eine Abstufung der Verben des Französischen nach dem Grad ihrer Irregularität. Hierbei dient ihm die jeweilige Zahl der Verbstämme als Kriterium (vom suppletiven *être* über die „verbes à 6 ou 5 bases" bis hin zu den „verbes à une seule base"). Vgl. auch Hunnius 1989, 52.

Als die maximal natürliche Form des Präteritums fungiert hier *sag-te*. Ihr Aufbau entspricht in optimaler Weise dem Prinzip des „konstruktionellen Ikonismus." Dieses ist, in den Worten Otmar Werners (ebenfalls eines Germanisten) ausgedrückt, gekennzeichnet durch

> [...] Segmentierbarkeit der Flexive, 1:1-Zuordnung von Ausdruck und Kategorie, Ikonizität im Verhältnis von Ausdruck und Inhalt.[185]

Weniger natürlich sind die Formen *hat-te, brach-te* usw. Bei ihnen ist der Bezug zum Infinitiv schrittweise immer weniger erkennbar. Die starke Form *ging* wiederum weist nicht einmal die typische Endung des Präteritums auf; die einzige offensichtliche Parallele zum Infinitiv *gehen* besteht hier im Anfangskonsonanten *g-*. Die Suppletivform *war* schließlich zeigt keinerlei Ähnlichkeiten mehr mit dem Infinitiv; sie ist damit maximal markiert bzw. unnatürlich. Als typische Vorkommensbereiche „natürlicher" Strukturen gelten vor Allem

> [...] *changes in progress*, Behandlung von Neuwörtern, Behandlung von Nonsenswörtern, Fehlerlinguistik, aphasische Störungen, Spracherwerb und Kindersprache, Fremdsprachenerwerb und Akzeptabilität ungrammatischer Formen.[186]

Die Natürlichkeitstheorie erfuhr im Laufe der Zeit verschiedene Weiterentwicklungen. Besonders wichtig wurden hierbei die Beiträge Wolfgang U. Wurzels, auf die sich u.a. dessen Schüler Andreas Bittner bezieht. Wurzels Konzept geht von der empirisch begründeten Feststellung aus, dass bestimmte, real existierende morphologische Strukturen eben nicht immer dem Prinzip des konstruktionellen Ikonismus entsprechen, dass also „... Mayerthalers universell verstandene ‚systemunabhängige morphologische Natürlichkeit' sehr begrenzt wirkt."[187] Die Folgerung ist, dass die Theorie durch das neu eingeführte Prinzip der „Systemangemessenheit" ergänzt werden muss. Während die von Mayerthaler eingeführten Prinzipien der morphologischen Repräsentation der

---

185 Werner 1989, 36. – Ausführliche Darstellung z.B. bei Bittner 1996, 10 f., und bei Martinez Moreno 1993, 52 ff.

186 Wurzel 1984, hier zitiert nach Martinez Moreno 1990, 58. Elvira 1998, 157, greift vor Allem das Kriterium der Nonsenswörter auf und nennt als Beispiel das nichtexistente Verb *clotar*, das im Rahmen einer Feldstudien verschiedene befragte Personen auf Aufforderung spontan konjugieren sollten. Es wurde wie selbstverständlich der geläufigsten Konjugationsklasse, nämlich der „regelmäßigen" auf *-ar*, zugewiesen: *no *clotes más, he estado *clotando todo el día, mañana *clotaré un poco más* etc. Leider erwähnt Elvira keine imaginäre Form des *pretérito perfecto simple*; sie müsste nach der natürlichkeitstheoretischen Logik *cloté/*clotó lauten.

187 Werner 1987, 314.

„prototypischen Sprechereigenschaften" oder des „konstruktionellen Ikonismus" grundsätzlich universelle Gültigkeit beanspruchen, handelt es sich bei der Systemangemessenheit um ein Prinzip, das in unterschiedlicher einzelsprachlicher Realisierung auftritt. Definiert wird die Systemangemessenheit anhand einer Reihe von „systemdefinierenden Struktureigenschaften."[188] Diese bestimmen im Einzelnen die Beschaffenheit der jeweiligen „Flexionsklassen"; in ihrer Gesamtheit prägen sie das „System" der betreffenden Sprache:

> Qualitatives Bestimmtsein eines Systems durch eine Struktureigenschaft heißt, daß diese Struktureigenschaft gegenüber der/den mit ihr konkurrierenden Struktureigenschaft(en) im System quantitativ überwiegt. Quantität erscheint als Ausdruck von Qualität.[189]

4.2.2. Die historische Dimension der Natürlichkeitstheorie

Grundsätzlich stellt sich in der Natürlichkeitstheorie der morphologische Wandel zwar als „Ergebnis menschlichen Handelns" dar, aber eher selten als das Produkt der bewussten „Durchsetzung eines menschlichen Plans."[190] Es handelt sich also um ein typisches „Phänomen der dritten Art."

Natürliche morphologische Strukturen tendieren der Theorie zufolge dazu, ihren Geltungsbereich innerhalb des morphologischen Systems auszudehnen. Nach der Natürlichkeitstheorie verhält es sich grundsätzlich so, dass

> [...] morphologischer Wandel [...] von mehr Markiertheit/weniger Natürlichkeit in Richtung auf weniger Markiertheit/mehr Natürlichkeit verläuft.[191]

> Natürlicher Wandel besteht [...] darin, daß grammatische Einheiten, die den NP nicht oder wenig entsprechen, durch solche ersetzt werden, die ihnen entsprechen oder stärker entsprechen.[192]

---

188 Detaillierte Beschreibung bei Wurzel 1984, 82.

189 Wurzel 1984, 86. Die Flexionsklassen sind definiert als „Klassen von Wörtern, die morphologische Kategorien ... in formal einheitlicher Weise symbolisieren" (ebd., 79).

190 Keller 1990, 57 (zitiert auch bei Wurzel 2000, 43). Zur Kritik der Sprachwandeltheorie Kellers vgl. z.B. Kabatek 2005.

191 Wurzel 1984, 78. Vgl. auch Wurzel 2000, 43.

192 Wurzel 1988, 498. NP = Natürlichkeitsprinzipien. Vgl. auch Wurzel 1984, 188: „Den Prinzipien insgesamt zuwiderlaufende morphologische Veränderungen gibt es nicht."

Die morphologische Natürlichkeitstheorie beansprucht somit eine gewisse Prognosefähigkeit hinsichtlich der zu erwartenden Entwicklung der sprachlichen Systeme.[193]

Es ist allerdings Fakt, dass die historische Entwicklung bisher in keiner bekannten Sprache zur Herstellung eines in sich geschlossenen Systems der Wortformen geführt hat, das nach durchgängig geltenden Regeln funktioniert. Die Ursache liegt der Theorie zufolge vor Allem darin, dass nicht nur der morphologische, sondern auch der phonologische Wandel bestimmten universellen Prinzipien folgt. Die gleichzeitige Wirksamkeit von phonologischen und morphologischen Natürlichkeitsregeln muss dazu führen, dass die eine Entwicklungstendenz die andere zeitweise behindert oder sogar außer Kraft setzt. Es ist also möglich,

> [...] dass der Abbau von Markiertheit hinsichtlich eines Parameters den Aufbau von Markiertheit hinsichtlich eines anderen Parameters zur Folge haben kann.[194]

Somit präsentiert sich der sprachliche Wandel als ein permanenter Ab- und (Wieder-)Aufbau von Markiertheit sowohl auf der phonologischen als auch auf der morphologischen Ebene. Das so formulierte Konzept des Sprachwandels findet (wenn man das Prinzip der Markiertheit einmal außer Acht lässt) ein frühes Vorbild in der junggrammatischen Auffassung als Wechselspiel von Lautgesetzen und Analogie.[195]

Wenn keine entgegenwirkenden phonologischen Prinzipien beteiligt sind, läuft der morphologische Wandel der Theorie (bzw. ihrer älteren Fassung) zufolge in der Weise ab, dass die konstruktionell ikonischen Formen sich gegenüber den anderen im Laufe der Zeit durchsetzen:

> [Es wird vorausgesetzt], dass die additive Markierung gegenüber den anderen (nicht-additiven) Markierungen produktiver sein sollte. Dementsprechend ist zu erwarten, dass in keiner natürlichen Sprache eine regelmäßige subtraktive Markierung statt eines Abbaus eine Expansion auf Kosten einer additiven Markierung erfahren sollte.[196]

---

193 Vgl. Bittner 1996, 1 f.

194 Wurzel 2000, 46.

195 Die Analogie wird besonders von H. Paul betont, der als der Theoretiker der junggrammatischen Schule gelten kann. Paul sieht die „Analogie" als Vorgang, bei dem „nach dem Muster von schon geläufig gewordenen Proportionen zu einem gleichfalls geläufigen Worte ein zweites Proportionsglied frei geschaffen wird" (Paul 1975, 110). Er verweist sogar schon ein Jahrhundert vor den ersten Veröffentlichungen von Mayerthaler oder Wurzel auf die Kindersprache als wichtigen Quell der analogischen Neuerung (vgl. ebd., 115).

196 Wolfgang Dressler, nach Gaeta 2016, 31.

Die beschriebene Auffassung vom morphologischen Wandel wurde auch in der spanischen Linguistik rezipiert. Javier Elvira, der sich eingehend (und durchaus kritisch) mit den Prinzipien der Natürlichkeitstheorie befasst hat, führt die zunehmende Dominanz bestimmter Formen explizit auf die geringere morphologische Markiertheit und damit zusammenhängend auf die leichtere Erlernbarkeit der nicht-markierten Strukturen zurück:

> La eliminación de las clases flexivas inestables constituye una disminución de la marca morfológica y una mayor facilidad en el aprendizaje de la flexión, porque las palabras que pertenecen a clases flexivas estables no necesitan especificaciones en el léxico para poder ser utilizadas adecuadamente.[197]

Es ist allerdings nicht zu leugnen, dass beim morphologischen Wandel zuweilen auch nicht-ikonische Formen entstehen oder zumindest erhalten bleiben, dem Trend zur additiven Markierung also widerstehen. Wolfgang U. Wurzel trägt dem in seiner Fassung der Natürlichkeitstheorie dadurch Rechnung, das er als Ziel der Entwicklung die Herstellung der „Flexionsklassenstabilität" definiert, d.h. die Anpassung markierter Elemente an das jeweils dominierende System. Entscheidend sind dieser Theorie zufolge also die analogischen Angleichungstendenzen bzw., stark vereinfachend ausgedrückt, die Herstellung eines höheren Maßes an „Regelmäßigkeit." Schwach besetzte Flexionsklassen werden reduziert, größere dagegen tendieren zur Ausweitung:

> Es zeigt sich die Tendenz, von den konkurrierenden Flexionsklassen die jeweils größere auf Kosten der kleineren auszudehnen und eine der im System miteinander konkurrierenden Bildungen zu verallgemeinern.[198]

Die hiermit wirksame Flexionsklassenstabilität ist der Wurzelschen Theorie zufolge Bestandteil einer „Hierarchie der generellen Prinzipien der morphologischen Strukturbildung."[199] Da diese unterschiedliche Faktoren umfasst, sind natürliche Sprachen zwangsläufig „hinsichtlich der systemdefinierenden Struktureigenschaften uneinheitlich aufgebaut."[200] In dieser Hierarchie ist das Prinzip des konstruktionellen Ikonismus, dem in der älteren Fassung der Natürlichkeitstheorie maßgebliche Bedeutung zukam, zwar vertreten. Es ist aber dem der Systemangemessenheit, welche das „wohl stärkste Prinzip"[201] darstellt, untergeordnet. Wenn beim sprachlichen Wandel die unterschiedlichen

---

197 Elvira 1998, 155.
198 Wurzel 1984, 77 f.
199 Martinez Moreno 1996, 61. Dort auch Darstellung der Hierarchie und Kritik.
200 Bittner 1996, 14,
201 Bittner 1996, 18.

Strukturprinzipien in Konflikt geraten, setzt das Prinzip der Systemangemessenheit sich gegenüber dem der ikonischen Strukturierung der Formen durch:

> [Grundsätzlich] triumphiert die Tendenz zu einer Optimalisierung der Systemangemessenheit ... gegenüber den übereinzelsprachlichen Prinzipien.[202]

4.2.3. Kritik: Der Widerstreit unterschiedlicher Prinzipien

An dieser Stelle ist eine Kritik grundsätzlicher Art an der Natürlichkeitstheorie angebracht. Bei der älteren Fassung Mayerthalerscher Prägung handelt es sich ohne Zweifel um eine originelle und mutige Theorie, die allerdings die realen morphologischen Entwicklungen nur sehr begrenzt erklären kann. Was hingegen den Entwurf Wolfgang U. Wurzels angeht, so erweist sich die Einstufung der Systemangemessenheit als zentraler Faktor in der Hierarchie der morphologischen Strukturbildungsfaktoren als Problem. Sie eröffnet die Möglichkeit, dass auch nicht-ikonischen Formen der Status systemdefinierender Struktureigenschaften zukommen kann. Es entsteht somit zwangsläufig ein Konflikt zwischen dem Prinzip der Systemangemessenheit und dem des konstruktionellen Ikonismus. Letzten Endes geht es bei dem angesprochenen Problem um die grundsätzliche Frage, „in welchem Maß bzw. in welchen Grenzen die universellen Natürlichkeitsprinzipien zur Gestaltung der Normalität ... eines morphologischen Systems beitragen können."[203]

Es wird auch denkbar, dass nicht-ikonische Formen sich beim Sprachwandel gegenüber den ikonischen durchsetzen:

> Wenn die Systemangemessenheit Priorität über die universelle Natürlichkeit hat, dann kann sie sich auch durch einen Sprachwandel durchsetzen, der gegen die universelle Natürlichkeit verläuft.[204]

Neuere Ansätze innerhalb der Theorie tragen dieser Problematik durch eine Neudefinition des Natürlichkeitsbegriffs[205] Rechnung; an seine Stelle treten der

---

202 Gaeta 2016, 41. Vgl. auch schon Martinez Moreno 1996, 61.

203 Gaeta 2016, ebd. Bittner/Dressler gestehen zu, dass „Prinzipien der Systemadäquatheit universelle Präferenzen umkehren können (...), aber nicht müssen" (Bittner e.a. 2000, 6). Die Frage nach dem Vorrang der universellen oder der einzelsprachlichen Prinzipien bleibt damit allerdings unbeantwortet.

204 Gaeta 2016, 36.

205 So nennt z.B. Wolfgang U. Dressler neben der hier erwähnten Ikonizität, die in früheren Fassungen der Theorie die entscheidende Rolle spielt, noch sechs weitere Parameter der „Natürlichkeit": Relation Gestalt-Hintergrund, Indexikalität, morphotaktische Präferenz, morphosemantische Präferenz, Eineindeutigkeit und Binarität (Kilani-Schoch/Dressler 2005, 32). Vgl. auch Klein 2008, 387 f.

Terminus „Präferenz" und die Unterscheidung von universellen und einzelsprachlichen Präferenzregeln.[206] Wenn jedoch letztere auch in der Etablierung nicht-ikonischer Strukturen bestehen können und ihnen zudem die Möglichkeit der Dominanz in der Hierarchie eingeräumt wird, so stellt sich erneut die Frage, ob die Verwendung des Terminus „Natürlichkeit" in der Bezeichnung der Theorie noch gerechtfertigt ist.

4.2.4. Starke und schwache Verben und Natürlichkeitstheorie

Die von Wolfgang U. Wurzel entwickelte Version der Natürlichkeitstheorie bietet die Grundlage für die von Andreas Bittner durchgeführte Darstellung der starken und schwachen Verben des Deutschen. Es ist offensichtlich, dass die schwachen Verben dieser Sprache heutzutage diejenige Gruppe bilden, welche die entscheidenden „systemdefinierenden Struktureigenschaften" im Wurzelschen Sinne besitzt: Sie ist, aus der Perspektive der Synchronie betrachtet, nicht nur ungleich größer als die Gruppe der starken Verben; die morphologische Struktur ihrer Präteritumformen gehorcht auch den Grundsätzen des konstruktionellen Ikonismus (Segmentierbarkeit der Flexive, 1:1-Zuordnung von Ausdruck und Kategorie, Ikonizität im Verhältnis von Ausdruck und Inhalt; siehe oben). Die ikonischen Formen sind in diesem Fall also auch die systemdefinierenden. Es entspricht zudem dem Prinzip der zunehmenden Geltung der ikonischen Strukturen, dass die Zahl der schwachen Verben des Deutschen im Laufe der historischen Entwicklung deutlich zugenommen hat (wohingegen die starken Verben kontinuierlich weniger geworden sind). Dieser Prozess setzt sich heute noch weiter fort. Sowohl Wurzel als auch Bittner wagen aufgrund dieser Umstände sogar entsprechende Prognosen:

> [...] im Deutschen (wie in anderen germanischen Sprachen) [werden] die starken Verben weiter reduziert werden und längerfristig bis auf einen suppletiven Restbestand verschwinden.[207]

> Eine generelle Tendenz des Übergangs von „nichtschwach" zu „schwach" ist prognostizierbar, ihr können sich letztlich wohl nicht einmal die „nicht-schwachen Verben der Suppletionsdomäne entziehen.[208]

---

206   Vgl. Kilani-Schoch/Dressler 2005, 20.
207   Wurzel 1984, 200.
208   Bittner 1996, 202.

Es liegt nahe, die Entwicklung im Spanischen, die in der vorliegenden Untersuchung im Mittelpunkt der Betrachtung steht, mit der im Deutschen zu vergleichen. Zweifellos bestehen hier einige Gemeinsamkeiten: Auch im heutigen Spanisch bilden die Verben mit ikonischer Struktur die mit Abstand größte Gruppe. Ebenso ist in der Entwicklung des Spanischen ein Übergang ursprünglich starker Verben hin zur schwachen Konjugation festzustellen; der Anzahl der betroffenen Wörter nach zu urteilen reicht er hier sogar noch erheblich weiter als beim Deutschen. In beiden Sprachen erfasst der Trend zum schwachen Konjugationsprinzip auch die Neubildungen und Entlehnungen. Die historische Entwicklung verläuft somit in beiden Sprachen in hohem Maße parallel.

4.3. Morphologische Irregularität und Frequenz: Spanisch, Latein und Deutsch im Vergleich

Jedoch zeigt der Vergleich der morphologischen Strukturen in den beiden Sprachen, dass die Erklärung des Wandels mit den natürlichkeitstheoretischen Prinzipien der Realität nur teilweise gerecht wird. In einem wesentlichen Punkt besteht, was die starken und die schwachen Formen des Präteritums angeht, ein gravierender Unterschied zwischen dem Spanischen und dem Deutschen. Einen ersten Hinweis liefert ein Vergleich der aktuellen Entwicklungen in den beiden Sprachen. So stimmen zwar beide Sprachen darin überein, dass neu gebildete Verben und adaptierte Entlehnungen wie erwähnt heute nur noch dem schwachen Konjugationsprinzip folgen. Eine auffällige Divergenz besteht jedoch darin, dass die aktuelle spanische Normsprache – anders als das Hochdeutsche – keine Übertritte starker Verben zur Klasse mit schwacher Bildung des Präteritums mehr kennt. Während im Hochdeutschen derzeit *buk* durch *backte*, *sog* durch *saugte* usw. ersetzt werden, sind im heutigen Spanisch Formen wie **andé*, **conducí* oder **hicié* nur im Substandard oder vereinzelt in bestimmten Dialekten belegt (vgl. oben, Kap. 3.4.). Andere Formen wie **estié* oder **sabié* kommen – soweit die Forschungslage eine solche Aussage zulässt – im „eigentlichen" Kastilisch überhaupt nicht vor, sondern nur in lokalen Varietäten des Aragonesischen und Leonesischen. Diejenigen starken Verben, die in der heutigen spanischen Normsprache noch existieren, entziehen sich offensichtlich dem Übergang zur schwachen Bildung des *pretérito perfecto simple*. Es scheint so zu sein, dass die Entwicklung, die sich im Deutschen derzeit noch in vollem Gange befindet (und die sich nach Andreas Bittner künftig weiter fortsetzen wird), im

Spanischen bereits zum Abschluss gekommen ist.[209] Mit den Grundannahmen der Natürlichkeitstheorie (auch jener Wurzel-Bittnerscher Prägung), die ja im Prinzip einen fortschreitenden Übergang zum schwachen Typus annimmt, ist dieser Sachverhalt nicht zu vereinbaren. Der Übergang zur schwachen Bildung des Präteritums kann weder als „natürlich" noch als „systemangemessen" gelten, wenn er in einer Sprache zwar begonnen, aber nicht zu Ende geführt wird – zumal im Bereich der Phonologie keine „natürliche" Entwicklungstendenz zu erkennen ist, die dem Trend zur Herstellung von mehr morphologischer Natürlichkeit entgegenwirken würde. Die Präteritummorphologie der Verben präsentiert sich damit als ein (allerdings nicht der erste) Fall von

> [...] verhängnisvollem Auseinanderklaffen zwischen theoretisch postulierter „Natürlichkeit" [...] gleich (ikonische[r]) Einfachheit und den ganz anderen Befunden in unseren natürlichen Sprachen.[210]

Eine mögliche Erklärung dieses Sachverhalts bietet das Moment der Gebrauchshäufigkeit, das offensichtlich in engem Zusammenhang mit dem Phänomen der „Unregelmäßigkeit" gesehen werden muss. Einen Hinweis in diesem Sinne gibt etwa Javier Elvira, der in Bezug auf die unregelmäßigen spanischen Verben feststellt, dass viele von ihnen zu den höchstfrequenten überhaupt gehören:

> [L]as quince palabras más comunes de la lengua española incluyen dos verbos en -*ar*: *estar* y *dar*; dos en -*ir*: *decir* y *ir*, y seis en -*er*: *ser, haber, tener, hacer, poder* y *ver*, que constituyen elementos esenciales de la sintaxis del español.[211]

Speziell mit Bezug auf die Verben mit starkem *pretérito perfecto simple* äußert sich Ralph Penny:

> En español, este tipo de paradigma llegó a pertenecer tan sólo a una minoría de verbos, aunque todos muy frecuentes [...][212]

---

209   Es handelt sich offensichtlich um eine Facette der auch in anderen Bereichen der Sprachentwicklung zu konstatierenden Tatsache, dass gerade stark komprimierte Formen zuweilen über sehr lange Zeiträume bewahrt bleiben können (Werner 1987, 37).

210   Werner 1989, 38.

211   Elvira 1998, 165. *Dar* und *ir* gehören nicht zu den starken Verben im hier definierten Sinne, sind aber ebenfalls nicht „regelmäßig." Im weiteren Verlauf des Textes nennt der Autor zusätzlich noch die ebenfalls hochfrequenten starken Verben *querer* und *saber* (ebd.). Er stützt sich auf eine ältere Arbeit von T. Montgomery (Montgomery 1978).

212   Penny 2008, 253. Nach Elvira 1998 zeichnen sich die Verben der zweiten Konjugationsklasse allgemein durch hohe Frequenzwerte aus: „[M]uchos de los verbos

Diese Aussage kann durch statistische Daten untermauert werden. Das bekannte (allerdings schon 1964 erschienene und auf einem relativ schmalen Textcorpus basierende) *Frequency Dictionary of Spanish Words* von Alphonse Juilland und Eugenio Chang-Rodríguez für die acht häufigsten Verben folgende Werte an:[213]

	Rang (absolut)	Rang (Verben)
ser	9	1
haber	11	2
estar	25	3
tener	26	4
hacer	28	5
poder	29	6
decir	30	7
ir	32	8

Wie die Aufstellung verdeutlicht, gehören (bzw. gehörten zum Zeitpunkt der Erstellung des Wörterbuchs, also in den 1960er Jahren) sechs der acht am häufigsten vorkommenden spanischen Verben der Gruppe mit starkem *perfecto pretérito simple* an. Hinzu kommen die beiden Suppletivverben *ser* und *ir*. Bei all diesen hochfrequenten Wörtern handelt es sich um solche, die ein mehr oder weniger großes Maß an morphologischer Irregularität aufweisen. Das aus Sicht der Natürlichkeitstheorie extrem unregelmäßige *ser* ist sogar das in den Texten am Häufigsten verwendete Verb überhaupt. Ganz offensichtlich besteht, wie vor langer Zeit schon George K. Zipf festgestellt hat, ein Zusammenhang zwischen Gebrauchshäufigkeit und morphologischer Unregelmäßigkeit.[214]

Zum Vergleich die drei häufigsten schwachen Verben:

	Rang (absolut)	Rang (Verben)
llegar	61	12
parecer	72	14
pasar	77	15

---

de la segunda conjugación, aun siendo muy inferiores en cifras absolutas a los de la tercera, se encuentran entre los más frecuentes del español ..." (163).

213 Vgl. Juilland/Chang-Rodríguez 1964, 385 f. Bei der neuen, 2021 bei de Gruyter erschienenen Auflage handelt es sich um einen inhaltlich unveränderten Reprint.

214 Vgl. Zipf 1945. 142 ff.

Die hohen Frequenzwerte und die damit zusammenhängende, besondere Rolle der „unregelmäßigen" Verben im Kommunikationsgeschehen werden durch neuere Untersuchungen im Wesentlichen bestätigt. So präsentiert das modernere Werk *Diccionario – Frecuencias del Español* (*DFE*, Erscheinungsjahr 2005),[215] das an der Universität Murcia entstanden ist und auf einer ungleich größeren Datenmenge basiert, ganz ähnliche, wenn auch nicht völlig identische Zahlenwerte wie das Werk von Juilland/Chang-Rodríguez. Den Spitzenplatz unter den spanischen Verben nimmt auch in den *Frecuencias del español* das Suppletivwort *ser* ein. In der Skala der Häufigkeit folgen danach – abgesehen vom Suppletivverb *ir*, das an siebter Stelle steht – die einfachen starken Verben *haber, estar, tener, decir, hacer, poder, saber* und *querer*:[216]

Lema	Frec. Corpus	Banda Frec.
ser	34.839	Muy alta
haber	20.330	Muy alta
estar	10.343	Muy alta
tener	10.094	Muy alta
decir	8.959	Muy alta
hacer	7.629	Muy alta
poder	7.490	Muy alta
ir	6.269	Muy alta
saber	3204	Muy alta
querer	3100	Muy alta

Die häufigsten schwachen Verben des aktuellen Spanisch sind dem *DFE* zufolge *pasar* und *llegar*. Sie werden zwar – ebenso wie *ver*, dessen Status als schwaches

---

215 *DFE*. Das Werk, das mehr sein will als nur ein Wörterbuch, basiert auf einem schrift- und sprechsprachlichen Corpus mit nicht weniger als 20 Millionen Wörtern.

216 Nach *DFE*, Anexo II. Das *DFE* klassifiziert die ermittelten Vorkommenswerte anhand einer sehr groben Skala („Frecuencia baja/notable/alta/muy alta"). Dies führt dazu, dass Wörter wie *haber* (über 20.000 Vorkommen) zusammen mit solchen wie *conducir* (nur 226 Okkurrenzen) unterschiedslos der Gruppe mit sehr hoher Frequenz („muy alta") zugerechnet werden. Deshalb nenne ich hier zusätzlich die im Anexo II des *DFE* aufgeführten, absoluten Frequenzwerte.

Verb diskutabel ist; (vgl. Kap. 2.1.) – als hochfrequent eingestuft („frecuencia muy alta"). Ihre Vorkommenshäufigkeit ist aber, wie die absoluten Zahlenwerte zeigen, dennoch deutlich geringer als die der oben gelisteten starken Verben:

pasar		Muy alta
llegar	2.151	Muy alta

ver	3.967	Muy alta

Die Statistik belegt also erneut, dass ausgerechnet die am Häufigsten verwendeten und in der Kommunikation besonders wichtigen Verben einem „unregelmäßigen" Konjugationsmuster folgen. Das nach den Daten des *DFE* häufigste Verb (*ser*) ist als Suppletivverb auch das Verb mit dem höchsten Grad an Irregularität.

Der Zusammenhang zwischen Gebrauchshäufigkeit und morphologischer Irregularität ist nicht nur bei den Verben des Neuspanischen zu beobachten. Zum Wortschatz des Altkastilischen liegen zwar keine einschlägigen Frequenzuntersuchungen vor; es sind aber sehr wohl solche zum (geschriebenen) Latein verfügbar. Nach Auskunft des *Nouveau lexique fréquentiel du latin,* das von dem Lütticher Altphilologen Joseph Denooz, erstellt wurde und auf einem Corpus literarischer Texten von Plautus bis Tacitus und Juvenal basiert,[217] sind auch in dieser Zeit die „unregelmäßigen" Verben die mit der höchsten Gebrauchshäufigkeit. Nachfolgend eine Aufstellung der 20 am häufigsten belegten lateinischen Verben:[218]

SVM – verbe	42.251		VENIO	2.978
SVM – aux.	12.637		AGO	2.758
POSSVM	9.053		PVTO	2.254
FACIO	7.641		MITTO	1.936
DICO	7.489		DEBEO	1.921
VIDEO	6.921		PETO	1.914
DO	5.565		QVAERO	1.883

---

217 Übersicht über die untersuchten Werke bei Denooz 2010, VII. Bei den meisten der lateinischen Autoren wurde ihr Gesamtwerk ausgewertet.

218 Vgl. Denooz 2010, 359. Das Wörterbuch nimmt keine getrennte Auflistung der unterschiedlichen Wortarten vor. In den Auflistungen sind natürlich die in schriftlichen Texten belegten Verbformen aufgeführt, nicht jene, auf die die nur erschlossenen romanischen Wörter zurückgehen (also z.B. *possum* statt **poteo* usw.).

HABEO	5.547		ACCIPIO	1.873
VOLO	3.894		CREDO	1.850
FERO	3.228		AUDIO	1.803

Es fällt auf, dass – abgesehen von den extrem unregelmäßigen Suppletivverben *esse* und *ferre* – fast alle der aufgelisteten Verben starke (d.h. stammbetonte) Perfektformen bilden. Die Aufstellung enthält nur zwei schwache Verben (*putare* und *audire*), die zudem ihrer Frequenz nach erst an 13. bzw. 20. Stelle stehen. Offensichtlich besteht also schon in lateinischer Zeit ein Zusammenhang zwischen Gebrauchshäufigkeit und „Unregelmäßigkeit." Innerhalb der irregulären Verben bilden die starken Verben die größte Gruppe.

Ähnliches gilt schließlich auch für das Deutsche, das hier – nicht zuletzt mit Blick auf die Arbeit von Andreas Bittner – als Vergleichsgröße herangezogen werden soll. Jene Wörter, die offenbar derzeit dabei sind, von der starken in die schwache Konjugationsklasse zu wechseln (*backen, gären, saugen*; siehe oben), gehören allesamt nicht zu den hochfrequenten. Zwar führt das vor wenigen Jahren neu aufgelegte Frequenzwörterbuch von Arno Ruoff unter den zehn häufigsten deutschen Verben nur zwei starke auf (*kommen* und *gehen*). Hinzu kommen aber das Suppletivverb *sein* sowie drei weitere „unregelmäßige" Vertreter der Wortart. Diese sind wegen ihrer z.T. abweichenden Endungen nicht uneingeschränkt zur Gruppe der starken Verben zu rechnen, weisen aber ebenfalls ein „unregelmäßiges" Präteritum auf (*haben, können, werden, wissen*). Diesen stehen nur zwei hochfrequente schwache Verben gegenüber (*sagen* und *machen*).[219] Zu ähnlichen Ergebnissen kommt – nicht in jedem Detail, wohl aber im Hinblick auf die Gebrauchshäufigkeit „regelmäßiger" und „unregelmäßiger" Formen im Allgemeinen – auch das aktuelle Online-Projekt *Wortschatz Leipzig*.[220] Das Verb mit der höchsten Gebrauchshäufigkeit in den hier ausgewerteten Texten ist *werden* (es belegt den 27. Platz in der nach Frequenz

---

219 Ruoff [3]2014 [Erstauflage 1981]. Die Reihenfolge nach Häufigkeit bei den Verben ist: *haben* (Hilfsverb*), sein* (Hilfsverb), *sein, haben, müssen, sagen, kommen, werden* (Hilfsverb*), machen, können*. Die Verben *werden, können* und *wissen* sind wegen ihrer abweichenden Präteritums-Endungen nicht uneingeschränkt zu den starken Verben zu rechnen. *Sagen* und *machen* gehörten schon im Althochdeutschen zu den schwachen Verben. Vgl. Wahrig 1984 (ahd. Infinitivformen *mahhon* und *sagen*).

220 https://wortschatz.uni-leipzig.de/de. Beschreibung des Projekts und Hinweise zur Benutzung bei Biemann/Heyer/Quasthoff 2011 und Goldhahn/Eckart/Quasthoff 2012.

geordneten Skala aller Wörter, unabhängig von der jeweiligen Wortart).[221] An zweiter Stelle folgt *haben* (Platz 45), erst dann – etwas unerwartet – das Suppletivverb *sein* (Platz 58). Die nächsten Plätze belegen *können* und das starke Verb *kommen* (beide auf Rang 68). Es handelt sich bei diesen Wörtern ausnahmslos um solche, die in der einen oder anderen Weise als „unregelmäßig" gelten. Das am öftesten belegte Verb mit schwacher Konjugation ist in diesem Corpus *machen* (Rang 161). Die Abweichungen gegenüber den Zahlen bei Ruoff 2014 dürften in dem andersartigen Charakter der ausgewerteten Texte (Nachrichtentexte im Projekt *Wortschatz Leipzig*, Corpus gesprochener Sprache bei Ruoff) begründet sein. Die beiden Untersuchungen stimmen aber darin überein, dass die hochfrequenten Verben fast ausnahmslos nicht zur Gruppe mit schwacher Konjugation im oben definierten Sinne gehören.

Die Tatsache, dass gerade die „unregelmäßig" flektierten Verben in der Kommunikation besonders häufig vorkommen, mag für den Sprachbenutzer und vor allem den Fremdsprachenlerner ein Problem darstellen. Sie bietet für die Kommunikation aber, wie vor allem der hier bereits zitierte Germanist Otmar Werner schon vor mehreren Jahrzehnten dargelegt hat, gerade bei hochfrequenten Formen durchaus auch Vorteile. „Unregelmäßige", d.h. nichtikonische Formen sind im Allgemeinen kürzer als „regelmäßige", additiv aufgebaute. Sie bieten somit die an den Wortkörper gekoppelte Information in gebündelter, komprimierter Form dar. Diese „Komprimierung" der Wortkörper hat, wie Werner betont, durchaus auch positive Effekte, die für die Kommunikation wichtiger sind als die Nachteile:

> Es gibt gute Gründe, die Zeichen einmal getrennt […] zu halten, in anderen Fällen sie eng zu verbinden und ihr Auftreten obligatorisch zu machen, oder sie gar im Ausdruck mehr oder weniger zu überlagern […] Und je häufiger die so gekoppelten Informationen auftreten, um so zweckmäßiger ist es, die Ausdrücke zu komprimieren, also Artikulationszeit einzusparen.[222]

> Die ökonomische Ratio ist […], daß man für häufig verwendete Komplexe einen fertigen und kurzen Ausdruck möchte. Die Belastung in der Kompetenz, die Lern- und Gedächtnisarbeit lohnt sich, weil dann die Sucharbeit nach einem geeigneten komplexen Ausdruck entfällt und man Artikulations- und Übertragungs-/Entschlüsselungsarbeit spart. Der häufige Gebrauch sorgt auch dafür, dass man den Ausdruck nicht vergißt und beim Hörer als bekannt voraussetzen kann.[223]

---

221 https://corpora.uni-leipzig.de/de/res?corpusId=deu_news.2021&word=werden. In dieser Auflistung auch die übrigen hier genannten Verben.

222 Werner 1989, 40. Der Autor bezieht sich hier ausdrücklich auf die Tempusformen der Verben.

223 Werner 1987, 293.

Zusätzlich und vor allem aber gewährleistet die nur minimal ikonische Kodierung ein Maximum an Identifizierbarkeit und Unterscheidbarkeit der finiten Formen, was gerade bei hochfrequenten Wörtern wichtig ist und durchaus als ökonomisches Prinzip gelten kann. Besonders deutlich wird dies bei den Suppletivverben; aber auch bei anderen „unregelmäßigen" Formen kommen diese Faktoren zur Geltung.

Der höhere Lernaufwand fällt angesichts der hohen Gebrauchshäufigkeit und der geringeren Anzahl der unregelmäßigen Verben (beide Momente sind u.a. bei den starken Verben gegeben) nicht ins Gewicht. Die häufige Verwendung hat im Gegenteil den Vorteil, dass „man den Ausdruck nicht vergißt und beim Hörer als bekannt voraussetzen kann."[224]

Mit den Grundsätzen der morphologischen Natürlichkeitstheorie ist die Korrelation zwischen hoher Wortfrequenz und Irregularität nicht zu vereinbaren. Denn der geringe Umfang des Wortkörpers erschwert bzw. verhindert die Zerlegbarkeit in unterschiedliche Morpheme; er steht damit im Widerspruch zum Prinzip des konstruktionellen Ikonismus. Es handelt sich hier um ein grundlegendes Problem der Natürlichkeitstheorie:

> Wurzels Theorie gerät also immer dann in Schwierigkeiten, wenn es um hochfrequentes Material geht; denn, und das ist der Hauptvorwurf, der ihr gemacht wird, ([…]) sie beachtet nur die type-Frequenz, nicht aber die token-Frequenz, die Vorkommenshäufigkeit.[225]

Aus der Sicht der Natürlichkeitstheorie besonders schwierig zu erklären ist das Phänomen der Suppletion. Diese stellt den Höchstgrad sowohl der Wortfrequenz als auch der morphologischen Unregelmäßigkeit dar. Die Vertreter der Natürlichkeitstheorie räumen ein, dass dieses Phänomen ihre Erklärung „vor nicht geringe Probleme"[226] stellt. Dieses vorsichtige Eingeständnis kann aber nicht darüber hinwegtäuschen, dass das Phänomen der Suppletion eine grundlegende Schwachstelle der Theorie aufzeigt. Bittner und Wurzel versuchen, das Problem zu lösen, indem sie diese extrem unregelmäßigen Formen, die sich dem „natürlichen" Wandel entziehen, in einer bereits zitierten Formulierung zum „suppletiven Restbestand"[227] erklären. Dieser wird einem nicht näher definierten „Kern-" oder „Nahbereich" der Sprache zugerechnet, für den besondere

---

224 Werner 1987, 295. Vgl. auch die ähnlich gelagerte Aussage Nüblings (nach Gaeta 2016, 42).
225 Martinez Moreno 1994, 63.
226 Bittner 1996, 27.
227 Wurzel 1984, 200.

Regeln gelten.[228] Die beiden Autoren sehen die hier bestehenden Irregularitäten als „durch ein tendenziell wirkendes, übergeordnetes Prinzip motiviert" und stufen sie als „in diesem Sinne regulär und unmarkiert" ein.[229] Es stellt sich allerdings die Frage, ob mit dieser Erklärung nicht zentrale Grundsätze der morphologischen Natürlichkeitstheorie, vor allem das Prinzip des konstruktionellen Ikonismus und der Primat der Systemangemessenheit, aufgegeben werden.[230]

Die Korrelation von hoher Gebrauchshäufigkeit und Irregularität hat Konsequenzen für die morphologische Entwicklung der Wörter in der Diachronie. Kurze, „komprimierte" Formen entstehen, wie auch die Vertreter der Natürlichkeitstheorie annehmen, durch den Lautwandel. Es kommt im Gegensatz hierzu auch vor, dass sie durch die Herstellung konstruktionell ikonischer, „natürlicher" morphologischer Strukturen wieder eliminiert werden. Dies geschieht aber – zumindest im Spanischen, das hier im Mittelpunkt der Untersuchung steht – bei hochfrequenten Formen vergleichsweise selten. Vielmehr werden komprimierte Formen

> [...] der morphologischen Bewertung angeboten. Sind sie sprachökonomisch nützlich ([...]), so werden sie belassen; sind sie es nicht ([...]), so werden sie über kurz oder lang durch Analogie auf eine Stufe geringerer Komprimierung und größerer Regularität zurückgeworfen.[231]

Die Entwicklung der morphologischen Formen wird somit geprägt durch die „... Polarität zwischen Komprimieren und Expandieren je nach Gebrauchshäufigkeit."[232] Als Ergebnis präsentiert sich die Morphologie einer Sprache als ein gemischtes System, in dem „regelmäßige" und „unregelmäßige" Formen nebeneinander stehen und in dem beide Prinzipien ihre (letztendlich

---

228 Bittner 1996 (dort besonders 27–36; Kap. 1.1.2.). Ähnlich Wurzel 1985, 117. Vgl. auch die Ausführungen zu den „dominios muy centrales" bei Elvira 1998, 143.

229 Bittner 1988, 424. Im Widerspruch hierzu steht die hier bereits zitierte Aussage Bittners, nach der sich „letztlich wohl nicht einmal die ‚nicht-schwachen Verben der Suppletionsdomäne" der Regularisierung entziehen werden (Bittner 1996, 292, vgl. oben).

230 Werner 1987, 312, geht noch weiter und rückt die Annahme eines „unmittelbaren Erfahrungsbereich[s] des Menschen" und dessen Niederschlag in den morphologischen Strukturen in die Nähe der (von den meisten Linguisten heute abgelehnten) Theorie der sprachlichen Weltbilder.

231 Werner 1989, 42.

232 Werner 1987, 297.

frequenzbedingte) Daseinsberechtigung haben. In Bezug auf die Morphologie der deutschen Verben stellt Werner fest, dass

> [...] bei hochfrequenten Verben nicht ausgeglichen wird, daß man hier den stärkeren Grad an Differenzierung, die Zugabe an Redundanz als nützlich (zumindest nicht als abschaffenswert) erachtet [...][233]

Diese mit Bezug auf das Deutsche getroffene Feststellung kann auch für die *pretérito*-Formen der starken und der schwachen Verben des Spanischen Gültigkeit beanspruchen – mit dem Unterschied, dass der Anteil der schwach (also „regelmäßig") konjugierten Wörter im heutigen Spanisch höher ist als im Deutschen. Dennoch hat auch hier die Regularisierung ihre Grenzen gefunden. Ähnliches kann auch für andere Bereiche des Verbalwortschatzes, z.B. für die Hilfsverben, konstatiert werden.[234]

4.4. Irregularität, Grammatikalisierung und Idiomatisierung

Die morphologische „Unregelmäßigkeit" der Simplexverben ist, wie dargelegt wurde, in hohem Maße an das Moment der Frequenz gekoppelt. Dieses Moment kann jedoch noch weiter vertieft werden, wenn wir verschiedene weitere Faktoren in die Betrachtung einbeziehen. Wir beziehen uns hierbei ausschließlich auf die Verhältnisse im Spanischen.

Auch die Vertreter der Natürlichkeitstheorie gestehen zu, dass

> [...] lexikalische Einheiten und grammatische Erscheinungen deshalb frequent [sind], weil sie von grundlegender funktionaler und semantisch-pragmatischer Relevanz sind.[235]

---

233   Werner 1989, 306.

234   So stellt etwa Klaus Hunnius fest: „... *habēre*, ursprünglich lediglich Vollverb mit der Bedeutung ,besitzen', ,halten', übernimmt die Rolle eines vielgebrauchten Hilfsverbs, das im Spätlateinischen zur Bildung von Zukunfts- und Vergangenheitstempora herangezogen wird. Der Funktionswechsel hat morphologische Konsequenzen. Mit der entsprechenden Frequenzsteigerung wächst das Bedürfnis nach möglichst kurzen Formen, vor dem die Forderung nach Regelmäßigkeit zurückzustehen hat." Der Autor bezieht sich zwar auf die Entwicklung im Französischen. Im Spanischen ist die Zunahme der Unregelmäßigkeit jedoch ebenso gegeben. Sie reicht sogar noch weiter (völliger Ersatz des Vollverbs *haber* durch *tener*, während im Französischen *avoir* die Funktion als Vollverb nicht gänzlich aufgegeben hat).

235   Bittner 1996, 34.

Die „grundlegende Relevanz" ist bei den hier behandelten spanischen Verben
mit starkem *pretérito perfecto simple* (jedenfalls bei den Simplizia) zweifellos
gegeben. Diese Wörter stellen nach Javier Elvira, wie schon in Kap. 2.1. erwähnt
wurde, durchweg „verbos de carácter muy básico" dar.[236] Ihre semantische
Funktionsweise wird wie folgt beschrieben:

> [...] todos ellos se alejan en mayor o menor medida del prototipo de verbo que designa
> acciones o estados susceptibles de descomposición semántica.[237]

Wenn auch die Formulierung „carácter muy básico" und die Umschreibung der
„prototypischen" Verbcharakteristika sehr vage bleiben, so gilt doch zumindest Folgendes: Die betroffenen Simplizia (*tener, decir, hacer* ...) besitzen zwar
in ihrer Mehrzahl eine große Verwendungsbreite; die von ihnen vermittelte
Information ist jedoch weniger präzise als bei anderen Verben (etwa bei den
schwachen Verben oder auch bei den stark konjugierten Derivatwörtern, über
die hier noch zu sprechen wird).[238]

4.4.1. Grammatikalisierungstendenzen

Im Zusammenhang mit dem beschriebenen „carácter básico" zu sehen ist die
Tatsache, dass der Verlust an Bedeutungs„gehalt" oftmals an eine Tendenz zur
Grammatikalisierung gekoppelt ist:

> [...] en todos ellos encontramos un distanciamiento del empleo puramente léxico y
> un mayor o menor grado de gramaticalización, es decir, un uso más allá de la mera
> mención verbal. Esto es claro en el caso de [...] *estar, haber* y *tener,* que abundan en
> usos auxiliares o aspectuales, por más que *tener* combine este uso con el transitivo de
> posesión.[239]

---

236 Elvira 1998, 127.
237 Elvira 1998, 127. Der Autor vergleicht u.a. das semantisch relativ allgemeine, stark
     konjugierte *decir* mit den inhaltlich präziseren schwachen Verben *afirmar* und
     mencionar. Elvira stützt sich im Wesentlichen auf Luquet 1993.
238 Vgl. hierzu schon Söll 1980, 188: „... die Information (und auch der Bedeutungs-
     inhalt) nimmt ja mit sinkender Frequenz zu. Die häufigsten Wörter haben zwar
     einen großen Bedeutungsumfang, aber einen geringen Bedeutungsinhalt."
239 Elvira 1998, 127. Zur Definition der „Grammatikalisierung" vgl. Detges 1999,
     31: „Grammatikalisierung bedeutet, von ihrem Resultat her betrachtet, daß lexe-
     matische Vollwörter mit begrifflicher, meist konkreter Bedeutung sich zu unselb-
     ständigen Einheiten mit deiktischer oder grammatisch-relationaler Bedeutung
     entwickeln."

Die Grammatikalisierung der im Zitat genannten starken Verben *haber* und *estar* zeigt sich u.a. darin, dass sie schon seit den Anfängen als Hilfsverben fungiert haben und als solche immer noch fungieren können (*he cantado*; altkast. *cantar he* > neuspan. *cantaré*; *haber de* „müssen"; *estoy cantando*).[240] Eingeschränkt gilt dies auch für die ebenfalls stark konjugierten Lexeme *tener* (*te tengo dicho que …*; *tener que …* „müssen") und *querer* (*quiere llover* „lloverá"). Die Verwendung von *querer* zum Ausdruck der Futurs ist vor Allem im amerikanischen Spanisch gebräuchlich: *Me quiero refriar* „Me voy a resfriar", *Te quieres enfermar* „Te vas a enfermar."[241]

Aber auch andere starke Verben können in Konstruktionen auftreten, die bei den Wörtern mit schwacher Bildung des *pretérito* nicht möglich sind. Dies gilt etwa für die Fügungen mit modaler Funktion (*puede que venga*), ebenso für solche, die dem Ausdruck von „nociones potenciales" dienen (*cabe pensar que, cabe decir que*).[242] Nach Javier Elvira bilden die genannten Wörter aufgrund dieser Eigenschaften eine besondere Gruppe innerhalb des Verbalwortschatzes:

> [...] el estado de gramaticalización más o menos avanzada, la generalidad del significado que estas expresiones aportan y el carácter básico desde el punto de vista léxico confiere a estos verbos un papel en la gramática que no desempeñan normalmente otros verbos [...] de significado puramente léxico [...][243]

Was die Mechanismen des semantischen Wandels angeht, die in den beschriebenen Fällen wirksam sind, so können verschiedene Erklärungen herangezogen werden. Plausibel ist m.E. die Rückführung auf Kontiguität der Sachverhalte, die z.B. Ulrich Detges für andere Grammatikalisierungsprozesse (bestimmte Entwicklungen in der französischen und spanischen Tempusmorphologie) herangezogen hat.[244]

---

240   Zu dem hierbei anzunehmenden Mechanismus des semantischen Wandels vgl. u.a. (allerdings mit Bezug auf das Französische) Detges 1999, 41.

241   *NGLE* 2126 (= 28.4b). Vergleichbare Konstruktionen sind schon im Altkastilischen belegt (*Media noche … los gallos quieren cantar*; vgl. ebd.).

242   Beispiele wiederum nach Elvira 1998, 127. Elvira führt u.a. auch Beispiele für vergleichbare Gebrauchsweisen der Verben *ir* und *ser* an, die nach der hier zugrunde gelegten Definition aber nicht zu den starken Verben zu rechnen sind.

243   Elvira 1998, 128.

244   Vgl. Detges 1999. Die übrigen Erklärungsmodelle (‚bleaching', Generalisierung, Metaphorisierung) erscheinen hier weniger einleuchtend.

4.4.2. Verwendung in idiomatischen Wendungen

In eine ähnliche Richtung verweist auch der Gebrauch der hochfrequenten starken Verben in idiomatischen Wendungen. Nachfolgend einige Beispiele zu den
entsprechenden Verwendungen der vier am Häufigsten vorkommenden Wörter
dieser Gruppe:[245]

- *Haber*: *Allá se las haya/n* etc. „se usan para denotar que uno no quiere partici-
  ción an alguna cosa"; *bien haya* „expresión exclamativa usada para bendecir
  a alguién"; *haber dello con dello* „andar mezclado lo bueno con lo malo",
  haberlas/habérselas con uno „tratar con él, y especialmente disputar o con-
  tender con él", *no haber de qué* „no haber razón o motivo para alguna cosa",
  no haber tal „no ser cierto lo que se dice o lo que se imputa a uno", etc.;

- *Estar*: *Estar a la que salta* „estar siempre dispuesto a aprovechar las ocasio-
  nes", *estar a matar* „estar muy enemistados", *estar a oscuras* „estar completa-
  mente ignorante", *estar uno en grande* „vivir con mucha holgura", etc.;

- *Tener*: *No tenerlas uno todas consigo* „sentir recelo o temor", *tener uno a
  menos* „desdeñarse de hacer una cosa", *tener uno andado* „haber adelantado
  algo en un asunto", *tener uno en contra* „hallar en una materia impedimento",
  tener en menos a uno „menospreciarlo", *tenérselas tiesas uno* „defender su
  opinión", etc.;

- *Decir*: *Decir a alguién cuántas son cinco* „amenazarle con alguna repre-
  sión o castigo", *decir de repente* „improvisar una cosa", *decir de una hasta
  ciento* „decir muchas claridades o desvergüenzas", *decir las cosas dos por tres*
  „decirlas encareciendo su verdad y exactitud", *es decir* „esto es", etc.

Bei weniger frequenten Verben (sowohl bei solchen mit starker als auch bei
jenen mit schwacher Konjugation kommen derartige idiomatische Wendungen
nur vereinzelt vor.

4.4.3. Verwendung als „verbos de apoyo"

Mit der relativ hohen Gebrauchshäufigkeit hängt schließlich noch ein weiteres Moment zusammen, das bei den starken Simplizia verstärkt zu beobachten
ist. Es handelt sich um ihren Gebrauch als „verbos de apoyo" in Funktionsverbgefügen.[246] Diese Verwendungsweise ist zwar nicht auf die starken Verben

---

245   Alle Beispiele nach *DLE* (unter den entsprechenden Lemmata).
246   Zur Definition vgl. *NGLE*, 57 (= 1.10k): „Se llaman CONSTRUCCIONES CON VERBO
         DE APOYO (también CON VERBO SOPORTE, CON VERBO LIGERO O CON VERBO

beschränkt; diese kommen aber wiederum häufiger in solchen Konstruktionen vor als die schwachen Vertreter der Wortart. Von den fünf Verben, welchen die *NGLE* „mayor frecuncia en estas construcciones" zuerkennt (*dar, echar, hacer, poner, tener, tomar*) sind drei (vier unter Einschluss von *dar*) der Gruppe mit starker Konjugation zuzurechnen.[247] Beispiele für derartige Gefüge sind:

- *Dar: dar* (a alguíen o a algo) *un abrazo, un beso,* etc. ...; *un consejo, una explicación, una orden, un permiso,* etc.

- *Hacer: hacer* (a alguíen o a algo) *un arrumaco, una caricia, un gesto. Una señal, un signo,* etc.; *una confesión, un favor, una pregunta, una promesa, una reverencia,* etc.

- *Poner: poner* (a alguíen o a algo) *dificultades, pegas, peros, problemas,* etc.

- *Tener: tener* (a alguíen o a algo) *afecto, asco, cariño, envidia, lástima, miedo, odio, rencor,* etc.[248]

Es ist nochmals zu betonen, dass die beschriebene Verwendungsweise nicht auf Verben mit starkem *pretérito perfecto simple* beschränkt ist. Diese scheinen sich jedoch aufgrund ihres „carácter básico" für den Gebrauch als „verbos de apoyo" besonders anzubieten.

Die einfachen starken Verben zeichnen sich somit durch eine Reihe von Charakteristika aus, die bei den schwach konjugierten Vertretern der Wortart nicht oder nur begrenzt gegeben sind. Entscheidend scheint das Moment der Frequenz zu sein; dieses ermöglicht erst die oben beschriebene Reduktion der prototypischen Verbeigenschaften und die hiermit zusammenhängende „descomposición semántica" (vgl. oben; Kap. 4.4.1.). Diese Funktionen haben offenbar dazu beigetragen, dass bestimmte Verben mit starkem *pretérito perfecto simple* sich gegenüber dem Trend zum schwachen Konjugationsprinzip haben widersetzen können. Hingegen haben jene ursprünglich starken Verben,

---

LIVIANO en diversos sistemas terminológicos) los grupos verbales semilexicalizados de naturaleza perifrástica constituídos por un verbo y un sustantivo abstracto que lo complementa."

247   Nach *NGLE* 57 (= 1.10k) bzw. 2670 f. (*poner*, 35.3.g). Die Zurechnung von *dar* zur Gruppe der starken Verben ist nicht unproblematisch, da die Form der dritten Person des *pretérito perfecto simple* nicht den hier zugrundegelegten Kriterien entspricht (vgl. Punk 2.1.).

248   *NGLE* 2671 (= 35.3i).

die über besagten Eigenschaften nicht verfügten, die schwache Bildung des *pretérito* übernommen oder beibehalten. Teilweise gilt das sogar für Derivatwörter, die historisch auf starke Simplizia zurückgehen. In den Worten Javier Elviras ausgedrückt:

> Parece, pues, que el estado de gramaticalización más o menos avanzada, la generalidad del significado que estas expresiones aportan y el carácter básico desde un punto de vista léxico confiere a estos verbos un papel en la gramática que no desempeñan normalmente otros verbos del español antiguo (*conquerir, escrevir, sonreír, yazer*, etc.), cuyos pretéritos se han visto afectados por el proceso nivelador que analizamos.[249]

4.5. Starke und schwache *pretéritos* in den Substandardvarietäten

Es gibt allerdings auch Sachverhalte, die gegen die These der funktionsbedingten Sonderrolle der hochfrequenten Verben mit starkem *pretérito* zu sprechen scheinen.

Als Erstes ist hier auf die Tatsache zu verweisen, dass in manchen substandardsprachlichen und regionalen Varietäten des Spanischen bestimmte hochfrequente Verben anstelle der aus der Normsprache bekannten starken *pretéritos* entsprechende schwache Formen aufweisen. Bereits Antonio Nebrija macht auf die Existenz von Formen wie *andé, esté* usw. aufmerksam; und auch in den heutigen Dialekten und Soziolekten sind derartige Formen ebenfalls vereinzelt belegt (vgl. oben, Kap. 3.4. und 3.6.). Es verhält sich also offenbar nicht so, dass die starken Formen bei hochfrequenten Verben immer und überall bewahrt bleiben.

Dem ist jedoch entgegen zu halten, dass die Datenlage in diesen Fällen nur begrenzte Aussagen zulässt. Formen wie *andé* sind, im Gesamtzusammenhang betrachtet, nur sehr vereinzelt in bestimmten Soziolekten und Dialekten nachweisbar. Die besagten „natürlichen" Formen haben sich bisher weder in der Normsprache noch – soweit die Menge der verfügbaren Informationen ein derartiges Urteil zulässt – in der Mehrzahl der Soziolekte und Dialekte durchsetzen können. Zudem sind zu den betroffenen Varietäten keine Frequenzuntersuchungen verfügbar, die einen Vergleich mit den Verben der Standardsprache erlauben könnten. Auch Informationen zur Idiomatik liegen nur begrenzt vor.

---

249   Elvira 1998, 128.

4.6. Das Problem der Derivatverben

Der Feststellung, dass die hochfrequenten Verben fast ohne Ausnahmen zur Klasse mit starker Konjugation des *pretérito perfecto simple* oder zu anderen „unregelmäßig" konjugierten Gruppen gehören, darf allerdings nicht zu dem Umkehrschluss verleiten, dass starke *pretérito*-Formen und hohe Gebrauchshäufigkeit der betroffenen Verben zwingend einander gekoppelt sind.

Die starke Flexion des *pretérito perfecto simple* ist, wie in Kap. 3.3.2. dargestellt, nicht nur für eine Reihe von Simplizia kennzeichnend, sondern auch für die auf diesen basierenden abgeleiteten Verben. Die Zahl der Derivativa ist wie ausgeführt im heutigen Spanisch um ein Mehrfaches höher als die der einfachen Verben (vgl. Kap. 2.2.).[250] Die abgeleiteten Wörter weisen nicht nur in quantitativer, sondern auch in qualitativer Hinsicht einige Unterschiede zu den Simplizia auf. So sind sie inhaltlich „dichter" als die zugrundeliegenden einfachen Verben: Sie haben einen höheren Informationsgehalt und leisten somit diverse Spezifizierungen zur eher unbestimmten Semantik der Simplexformen. Dies hat eine stärkere inhaltliche Differenzierung des entsprechenden Wortschatzausschnitts zur Folge.[251] Ein weiterer Unterschied zu den Simplizia besteht darin, dass die abgeleiteten Wörter im Allgemeinen nicht in idiomatischen Kontexten verwendet werden. Historisch gesehen sind sie anders als manche Simplizia auch nicht an den beschriebenen Grammatikalisierungsprozessen beteiligt.

Die Derivatwörter zeigen im Allgemeinen die starke Bildungsweise des *pretérito perfecto simple*, sofern dies auch bei den zugrundeliegenden Simplexformen der Fall ist. Ein Zusammenhang mit der Gebrauchshäufigkeit und mit dem damit zusammenhängenden Moment der Wortkürze kann aber bei ihnen – anders als bei den Simplizia – kaum hergestellt werden. Die Frequenzwerte der meisten Derivatwörter sind mit jenen der stark flektierten einfachen Verben nicht annähernd vergleichbar, auch wenn die stark vereinfachende *DFE*-Kennzeichnung „[Frecuencia] muy alta" einen anderen ersten Eindruck vermitteln mag. Nachfolgend die laut *DFE* am Häufigsten gebrauchten, abgeleiteten starken Verben:[252]

---

250 Die Beschreibung dieser Derivatwörter muss hier auf die Gegenwartssprache beschränkt bleiben, weil zumindest ein Teil von ihnen in mittelalterlicher Zeit nur schwach oder überhaupt nicht dokumentiert ist. Entsprechende Belege tauchen erst in späteren Jahrhunderten in den Texten auf (vgl. Kap. 3.2.).

251 Vgl. Elvira 1998, 128.

252 Wiederum nach *DFE*, Anexo II.

Lema	Frec. Corpus	Banda Frec.
mantener	676 + 35 refl.	Muy alta
suponer	601	Muy alta
obtener	384	Muy alta
disponer	331	Muy alta
proponer	318	Muy alta
detener	298	Muy alta
imponer	236	Muy alta
sostener	235	Muy alta
intervenir	195	Muy alta
contener	161	Muy alta
exponer	143	Alta
componer	114	Alta
oponer	107	alta
atraer	104	Alta
satisfacer	70	Alta
prevenir	59	Alta
provenir	59	Alta
contraer	55	Alta
extraer	47	Notable
reponer	42	Notable
bendecir	39	Notable
distraer	37	Notable
deshacer	37	Notable
entretener	33	Notable
retener	33	Notable
complacer	28	Notable

Zwar übertreffen die höchsten Werte einiger abgeleiteter Verben (*mantener*, *suponer*; *obtener*, *disponer*, *detener*) die Gebrauchshäufigkeit diverser einfacher Verben mit starkem *pretérito perfecto simple* (*traer*: 448, *andar*: 396, *conducir*: 226[253]). Dies sind jedoch Ausnahmen; die meisten abgeleiteten Verben weisen heute sehr niedrige Frequenzwerte auf. Viele von ihnen sind in der *DFE*-Liste,

---

253   Die niedrigen Frequenzwerte dieser drei Verben im *DFE* verwundern, müssen aber als empirisch fundiert akzeptiert werden.

die ja nur die 5000 häufigsten Wörter des Gegenwartsspanischen wiedergibt und nicht den Gesamtwortschatz, gar nicht vertreten (z.b. *condecir, contrahacer, avenir, desandar, maltraer* und andere). Die Tatsache, dass diese Verben beim starken Konjugationsprinzip verblieben sind, kann somit kaum auf das frequenzbedingte Prinzip der (kommunikativ hilfreichen) Komprimierung und optimalen Unterscheidbarkeit der Formen zurückgeführt werden. Der pauschalen Aussage Otmar Werners zum Zusammenhang von Gebrauchshäufigkeit und Wortkürze („nur bei hochfrequenten Lexemen sind die stärksten Komprimierungen und Differenzierungen sinnvoll"[254]) kann somit nicht zugestimmt werden.

Eine umso wichtigere Rolle scheint bei den Derivatwörtern die Analogie zu den Simplexformen gespielt zu haben. In jenen Fällen, in denen die zugrundeliegenden Simplizia schon in altkastilischer Zeit ein starkes *pretérito perfecto simple* bildeten, sind auch die von ihnen abgeleiteten Verben meistens bei diesem Konjugationsmuster verblieben. Sind die Simplizia hingegen zum schwachen *pretérito perfecto simple* übergewechselt, so sind die Derivatwörter ihnen (bis auf sehr wenige Ausnahmen) gefolgt. Dies ist unabhängig von ihrer Gebrauchshäufigkeit geschehen.[255]

Es wäre jedoch verfehlt, aufgrund dieser Sachverhalte die Wirksamkeit der „Polarität Expandieren – Komprimieren",[256] die im Mittelpunkt von Werners Konzeption des sprachlichen Wandels steht, generell zu bestreiten. Dieser Theorie zufolge werden, wie bereits erläutert, die sprachlichen Wandlungen vor Allem durch die Prinzipien der sprachlichen Ökonomie und der kommunikativen Effizienz bestimmt. Wenn wir den Begriff der Ökonomie etwas weiter fassen, so ist die Bewahrung des starken *pretérito perfecto simple* bei niedrigfrequenten Derivatverben durchaus sinnvoll. Viele der Derivatverben (die ja in der Alltagskommunikation nicht häufig vorkommen; siehe die obige Frequenzliste) dürften dem Sprecher nicht oder nur wenig vertraut sein. Mehr noch als heute gilt das für die Epoche des Altkastilischen und der beginnenden Neuzeit, in der die Festlegung der Flexionsweise ja im Wesentlichen erfolgte.[257] Vom

---

254 Werner 1987, 302.

255 Auch wenn keine entsprechenden Untersuchungen vorliegen, ist anzunehmen, dass die Frequenzwerte der abgeleiteten Verben im Altkastilischen nicht höher waren als heute.

256 Werner 1987, 304.

257 Eine Rolle dürfte in diesem Zusammenhang die Tatsache spielen, dass viele Ableitungen historisch als Latinismen oder Semi-Latinismen einzustufen sind, die vor Allem in „gehobenen" Textsorten vorkommen (vgl. Kap. 3.2.).

Standpunkt der kommunikativen Effizienz betrachtet erscheint es plausibel, dass sich der Sprachbenutzer bei der Bildung der *pretérito*-Formen der abgeleiteten Verben an jenen morphologischen Mustern orientiert(e), welche die jeweils zugrundeliegenden Simplizia anbieten bzw. anboten. Dies ist auf jeden Fall weniger aufwändig als die Bildung neuer schwacher Formen, die nochmals eigens memoriert werden müssten. Die Grundannahme Otmar Werners, nach der zwischen morphologischer Irregularität und Gebrauchshäufigkeit ein Zusammenhang besteht, ist deshalb zu modifizieren: Entscheidend für die Wahl des einen oder des anderen Flexionsmusters ist bei den Derivativa nicht die Frequenz des abgeleiteten Einzelworts, sondern die des einfachen Verbs, das im Mittelpunkt der Wortfamilie steht.

Es kommt allerdings (obwohl nur in sehr wenigen Fällen) auch vor, dass abgeleitete Verben zur schwachen Bildung des Präteritums überwechseln, obwohl das zugrundeliegende Simplex beim starken Flexionsmuster verbleibt. Dies tritt allerdings nur ein, wenn das gesamte Paradigma des Verbs in eine andere Konjugationsklasse übergeht. In diesen Fällen erweist sich der Trend zur "Regelmäßigkeit" als wirksamer als das Prinzip der Analogie. Dies gilt vor Allem für die Wortfamilie von *querer*. Das hochfrequente Simplex verfügt in alter wie auch in neuer Zeit über die starken Formen des *pretérito perfecto simple* (*quise/quiso*). Das von *querer* abgeleitete *malquerer* gehört ebenfalls zu den starken Verben (*malquise/malquiso*[258]), obwohl es nur selten gebraucht wird (in der Liste des *DFE* ist es überhaupt nicht vermerkt). Hingegen sind die Ableitungen *adquerir/adquirir*, *perquerir/perquirir* und *requerir* zum schwachen Flexionsmuster übergewechselt (*adquirí/adquirió* usw.; auch diese beiden Verben tauchen in der *DFE*-Liste nicht auf).[259] Auch bei dem relativ gebräuchlichen *requerir* (*requerí/requirió*; 173 Vorkommen; „Frec. Muy alta" in den *DFE*-Listen) hat die im Vergleich zu den anderen Ableitungen vergleichsweise hohe Gebrauchshäufigkeit den Übergang zur schwachen Gruppe nicht verhindert. Anders als etwa bei *malquerer* wird die Analogie zwischen Simplex und Derivatformen hier offensichtlich durch den Wechsel zur Konjugation auf Infinitiv -*ir* gestört. Anders ausgedrückt: Dem Sprecher ist möglicherweise nicht mehr gegenwärtig, dass die abgeleiteten Verben auf *querer* zurückgehen. Dasselbe gilt für Verben wie das schon im Altkastilischen wenig gebräuchliche

---

258 Vgl. *DEA*: Conjugación 23 (*querer*).
259 Vgl. *DCECH*, unter *querer*. Dem *DCECH* nach handelt es sich bei allen hier genannten Formen mit Infinitiv auf -*ir* um Kultismen.

conquerir, das frühzeitig in die Konjugationsklasse auf *-ar* übergewechselt ist (*conquistar*).

4.7. Fazit

Die Ergebnisse der historischen Betrachtung der starken Verben des Spanischen lassen sich wie folgt zusammenfassen.

- Die aus dem Latein überkommenen starken Verben sind auch im Kastilischen des Mittelalters noch in beträchtlicher Zahl vertreten.

- Hingegen durchläuft ein anderer, größerer Teil der aus dem Latein ererbten starken Verben in altkastilischer Zeit einen Prozess des Übergangs von der starken zur schwachen Bildungsweise des *pretérito perfecto simple*. Hier besteht eine Parallele zur Entwicklung im Deutschen. Dieser Wandel entspricht den natürlichkeitstheoretischen Prinzipien der Herstellung konstruktionell ikonischer Formen. Beispiele für den umgekehrten Prozess (Wechsel vom schwachen zum starken Flexionsprinzip) sind in altkastilischer Zeit hingegen nicht nachweisbar.

- Der Übergang von der starken zur schwachen Flexion des *pretérito perfecto simple* ist im heutigen Spanisch spürbar weiter fortgeschritten als im zeitgenössischen Deutsch. Die Gründe hierfür lassen sich nicht zweifelsfrei ermitteln.

- Eine vergleichsweise kleine Kerngruppe einfacher (nicht abgeleiteter) spanischer Verben ist von dem Wandlungsprozess hin zur schwachen Flexion nicht betroffen. Die *pretérito*-Formen dieser Verben sind nicht nach den Grundsätzen der Isomorphie bzw. des konstruktionellen Ikonismus und der Systemangemessenheit strukturiert. Sie zeichnen sich ganz im Gegenteil durch hohe Komprimiertheit und hiermit verbunden durch das Vorhandensein alternierender Wortstämme aus. Weitere Kennzeichen sind semantische Allgemeinheit, ein gewisser Grad an Grammatikalisierung sowie die häufige Verwendung in Idiomatismen und Funktionsverbgefügen.

- Seitens der Sprecher wird das Fehlen isomorpher Strukturen häufig als „Unregelmäßigkeit" wahrgenommen. Die genannten Eigenschaften sind jedoch für die Zwecke der Kommunikation nicht nachteilig. Bei hochfrequenten Wörtern (die starken Verben gehören ganz überwiegend zu denen mit besonders hoher Gebrauchshäufigkeit) erleichtern sie sogar die

Kommunikation, anstatt sie zu erschweren. In der Gegenwart zeigen diese spanischen Verben – anders als die starken Verben des Deutschen – keine Tendenz zum Übergang zum schwachen Flexionsmuster. Die natürlichkeitstheoretische Erklärung des morphologischen Wandels stößt hier an ihre Grenzen.

– Das Frequenzmoment kann jedoch nicht in allen Fällen als Erklärung der Entwicklung der *pretérito*-Formen dienen. Die Ableitungen, die auf den besonders häufig vorkommenden starken Verben aufbauen, verfügen trotz ihrer geringeren Vorkommenshäufigkeit im Allgemeinen über ähnliche *pretérito*-Formen wie ihre Basiswörter. Hier spielt die Analogie offenbar eine wichtigere Rolle als die Gebrauchshäufigkeit. Die Bewahrung der starken *pretérito*-Formen ist in diesen Fällen aus der Sicht einer effizienten Kommunikation sinnvoll, da der Sprecher keine neuen, von den Simplizia abweichenden morphologischen Formen erlernen muss.

Die Entwicklung der Formen des spanischen *pretérito perfecto simple* kann also, in ihrer Gesamtheit betrachtet, nicht auf die Wirkung eines einzigen Prinzips zurückgeführt werden. Die Kommunikation macht sich ganz im Gegenteil unterschiedliche Verfahren zunutze.[260] In der Terminologie Wolfgang U. Wurzels ausgedrückt sind verschiedene, miteinander konkurrierende „systemdefinierende Struktureigenschaften" beteiligt. Diese regeln sowohl das synchrone Funktionieren der Kommunikation als auch den Wandel der sprachlichen Strukturen. Entscheidend ist letzten Endes die kommunikative Effizienz. Diese kommt aber nicht immer in gleicher Weise zum Ausdruck. Bei der Mehrzahl der Verben wird sie durch eine ikonische Struktur gewährleistet, bei einer kleineren Gruppe hochfrequenter Wörter gerade durch die Komprimierung der Signifikanten und die damit verbundene „Unregelmäßigkeit." Bei den abgeleiteten Verben dominiert hingegen das Prinzip der Analogie.

---

260 Die Vertreter der Natürlichkeitstheorie tragen diesem Umstand seit längerer Zeit teilweise Rechnung. Vgl. Bittner/Dressler 2000, 10: „Den Aufbau sprachlicher Systeme und Strukturen kann eine Theorie, die Abbau von Markiertheit zu Grunde legt, nur als enges Wechselspiel von Kategorienentwicklung und Symbolisierungsmöglichkeiten darstellen … Eine solche Theorie kann nur als Teil einer umfassenden Sprachwandeltheorie aufgefasst werden."

5 Formen des *participio pasado* im heutigen Spanisch

Wir kommen zu den Formen des Partizips. Während deren Beschaffenheit in der Germanistik einen wesentlichen Bestandteil der Definition der starken und schwachen Verben bildet, werden sie (vgl. Kap. 1.1. bzw. 1.2.) in der Hispanistik im Allgemeinen nicht in diesem Zusammenhang behandelt, obwohl die starken Formen des spanischen *pretérito perfecto simple* und jene des *participio pasado* definitorisch bestimmte Gemeinsamkeiten aufweisen (Stammbetonung der starken im Gegensatz zum nicht-betonten Stamm der schwachen Formen). Der Grund hierfür dürfte in der schon erwähnten Tatsache bestehen, dass die spanischen Verben mit starkem *pretérito* nicht zwangsläufig auch über starke Partizipien verfügen. Dies gilt zwar auch für das Deutsche;[261] die Diskrepanzen scheinen im Spanischen aber deutlich ausgeprägter zu sein.

In den meisten Grammatiken des heutigen Spanisch wird, wie schon angedeutet, ganz allgemein der Morphologie der Partizipien nur wenig Raum eingeräumt. Was die Dichotomie von starken und schwachen Formen angeht, so werden – ähnlich, wie dies auch bei den Formen des *pretérito perfecto simple* der Fall ist – gewöhnlich nur die „starken", als „unregelmäßig" empfundenen Partizipien aufgelistet. Dies ist insofern erforderlich, als diese – anders als die schwachen Formen – im Allgemeinen nicht ohne Weiteres vom Infinitiv abgeleitet werden können. In weniger ausführlichen Grammatiken wird nicht nur auf eine Aufzählung der schwachen, sondern auch auf die Nennung der starken Partizipien oft ganz verzichtet.

Wir unterscheiden im Folgenden wiederum zwischen den Partizipien, die zum Paradigma einfacher Verben gehören, und jenen, die abgeleitete Verben als Grundlage haben.

---

261 In den bisher vorliegenden Gesamtdarstellungen zur Geschichte der starken und schwachen Verben des Deutschen werden die Partizipien nicht ohne Grund ausgespart. Dies gilt etwa für August 1977 und Bittner 1996.

5.1. Bestandsaufnahme

Die *NGLE* von 2009/2010, deren Angaben hier wieder als Ausgangspunkt dienen sollen, präsentiert eine Liste starker Partizipien des heutigen Spanisch, die
auf einfache, nicht-abgeleitete Verben zurückgehen. Genannt werden die folgenden Formen:

> *Abierto:* de *abrir;*
> *Absuelto:* de *absolver;*
> *Cubierto:* de *cubrir;*
> *Dicho:* de *decir;*
> *Escrito:* de *escrivir;*
> *Hecho:* de *hacer;*
> *Muerto:* de *morir;*
> *Puesto:* de *poner;*
> *Roto:* de *romper;*
> *Visto:* de *ver;*
> *Vuelto:* de *volver.*[262]

Diese Liste ist (wie auch jene der Verben mit starkem *pretérito perfecto simple*)
nicht vollständig. Die Zahl der nachzutragenden Formen ist aber gering. Bei
einigen der zu ergänzenden Partizipien ist nicht zweifelsfrei zu ermitteln, ob
es sich bei ihnen nicht um (spät in den Wortschatz aufgenommene) Kultismen
handelt. Die *NGLE* erwähnt noch das Partizip *electo* (von *elegir*), nimmt es aber
nicht in die oben zitierte Liste auf.[263] Jacques de Bruyne nennt in seiner Grammatik außer den oben aufgeführten, einfachen starken Partizipien noch *frito*
(von *freír*), *impreso* (von *imprimir*) und *preso* (von *prender*).[264] Vicente García de
Diego rechnet auch das kaum gebräuchliche *licueto* (von *liquiar*) zu den starken
Partizipien. Dasselbe gilt für *ahito, confeso, despierto, expreso, fallo, fijo, harto,
injerto, inserto* und *junto*.[265] Es stellt sich allerdings die Frage, ob diese Formen
heute noch als Partizipien gelten können (vgl. Kap. 6.6.).

---

262 *NGLE*, 243 f. (= 4.12j).
263 Vgl. *NGLE*, 244 (= 4.12k).
264 De Bruyne 1993, 395 f. (§ 990). Vgl. auch *NGLE*, 244 (= 412k). Zu *frito/freído*
     vgl. auch DPD, unter *freír.*
265 Vgl. García de Diego 1970, 254.

Zu den „einfachen" Partizipien kommen wie bei den *perfecto-simple*-Formen noch diverse weitere, die abgeleiteten Verben zugehören. Starke Partizipien abgeleiteter Verben sind laut *NGLE* die folgenden:[266]

- Ableitungen von *abrir/abierto*: *Entreabierto, reabierto*;
- Ableitungen von *solver/suelto*: *disuelto, resuelto* (aber *ensolvido* < *ensolver*);
- Ableitungen von *cubrir/cubierto*: *encubierto, descubierto, recubierto, redescubierto*;
- Ableitungen von *decir/dicho*: *condicho, contradicho, desdicho, entredicho, predicho* (aber *bendecido, maldecido*);
- Ableitungen von *escribir/escrito*: *adscrito, circunscrito, descrito, inscrito, transcrito, suscrito, rescrito, prescito, „etc."*;
- Ableitungen von *hacer/hecho*: *deshecho, rehecho, contrahecho, satisfecho*;
- Ableitungen von *poner/puesto*: *antepuesto* etc.; wie bei den *pretérito*-Formen;
- Ableitungen von *ver/visto*: *antevisto, entrevisto, previsto, revisto*;
- Ableitungen von *volver/vuelto*: *devuelto, envuelto, revuelto, desenvuelto*.[267]

Die von der *NGLE* vorgenommene Zuordnung von *resuelto* und *disuelto* zu den abgeleiteten Partizipien ist problematisch, da das einfache Verb *solver* heute nicht mehr gebräuchlich ist und keine Basis weiterer Derivatformen darstellt (die *NGLE* ordnet denn auch *absuelto* konsequenterweise den Simplizia zu, s. oben). Ob *satisfecho* (aufgeführt bei de Bruyne, der keine Trennung von Simplizia und abgeleiteten Partizipien vornimmt) und der zugrunde liegende Infinitiv *satisfacer* heutzutage noch als Derivatformen gelten können, ist weitgehend Auffassungssache. Die Entscheidung dürfte letztlich vom Bildungsgrad der Sprecher abhängen.

Eine Vielzahl weiterer abgeleiteter Partizipien nennt Vicente García de Diego: *antedicho, contrahecho, desenvuelto* etc.[268] Eine großer Teil von ihnen ist heute allerdings veraltet und/oder nur wenig gebräuchlich, so dass ich auf ihre detaillierte Beschreibung hier verzichte.

5.2. Starkes *pretérito perfecto simple* und starkes Partizip im Vergleich

Bei den Inventaren der starken Partizipien fällt die schon wiederholt erwähnte Tatsache auf, dass sie mit den Listen der Verben mit starkem *pretérito perfecto*

---

266 Anders, als es in der vorliegenden Aufzählung der Fall ist, werden in der *NGLE* die Partizipformen nicht genannt. Die Autoren erwähnen stattdessen nur die Infinitive der zugrundeliegenden Verben.

267 Vgl. wiederum *NGLE* 243 (= 4.12j).

268 García de Diego 1970, 253 f.

simple nicht deckungsgleich sind. Die *NGLE* nennt bei den einfachen Formen zwar für beide Formengruppen dieselbe Anzahl an Wörtern (jeweils 13, ohne die hier vorgenommenen Ergänzungen). Diese Übereinstimmung ist jedoch zufälliger Art. Bei den einfachen, nicht abgeleiteten Verben bilden nur *decir, hacer* und *poner* heute sowohl ein starkes *pretérito perfecto simple* als auch ein starkes Partizip II. Die übrigen Verben mit starkem *pretérito perfecto simple* haben heute schwache Partizipien (z.b. *haber*: Präteritum *hube/hubo*, aber Partizip *habido*; *querer*: Präteritum *quise/quiso*, aber Partizip *querido*). Umgekehrt gilt, dass die Mehrzahl der Wörter mit starken Partizipformen ein schwaches *perfecto pretérito simple* bildet (z.b. *abrir*: Präteritum *abrí/abrió*, aber Partizip *abierto*; *volver*: Präteritum *volví/volvió*, aber Partizip *vuelto*).

Bei den abgeleiteten Partizipien ist die Situation ähnlich. Wenn ein einfaches Verb sowohl beim *pretérito perfecto simple* als auch beim *participio pasado* dem starken Muster folgt, so ist dies auch bei den abgeleiteten Verben der Fall. Bei *contradecir* z.b. lautet das *pretérito perfecto simple* (1./3. Person) *contradije/contradijo*; das Partizip *contradicho* gehört ebenfalls der starken Gruppe an. *Rehacer* hat die Formen *rehice/rehizo/rehecho*; bei *componer* lauten die Formen *compuse/compuso/compuesto*, usw. Bestehen beim Simplex hingegen Divergenzen bei den Formen von *pretérito perfecto simple* und *participio pasado*, so gilt dies auch für die Derivatwörter. Die Mehrzahl der Partizipien des heutigen Spanisch gehört allerdings der schwachen Gruppe an (vgl. auch Kap. 6).

Auf die didaktischen Probleme, die sich bei der Lehre der starken Partizipien ergeben, braucht hier nicht näher eingegangen zu werden. Sie sind für den Sprecher kaum vom Infinitiv abzuleiten, von den *pretérito*-Formen ebensowenig (z.B. *haber*: Infinitiv mit Stammvokal /-a-/, Präteritum *hice* mit Stammvokal /-i-/, Partizip *hecho* mit Stammvokal /-e-/). Dem Erlerner des Spanischen bleibt als einziges Verfahren zur Aneignung der starken Formen im Allgemeinen nur das Auswendiglernen. Bei den abgeleiteten Formen dürfte die Orientierung am Partizip des jeweiligen Simplex den sichersten Zugang darstellen.

5.3. Heutige Dialekte und heutiges Substandardspanisch

Ebenso wie beim *pretérito perfecto simple* treten in den Dialekten bei manchen Verben an die Stelle der starken Partizipien der Norm zuweilen solche des schwachen Typs.

Die Dokumentation dieser Formen ist allerdings sehr lückenhaft. In der vorliegenden Untersuchung beschränke ich mich auf die Nennung einiger Besonderheiten des Andalusischen und des Aragonesischen.

Die andalusische Varietät kennt nach Alonso Zamora Vicente Formen wie *abrío* (zu *abrir*), *cubrío* (zu *cubrir*) *escribío* (zu *escribir*), *ponío/posío* (zu *poner*) und sogar *morío* (zu *morir*). Der Autor macht hier keine Angaben zur genauen Lokalisierung; vielmehr bezeichnet er die Formen als „generales en toda el habla popular."[269]

Bemerkenswerterweise sind in bestimmten regionalen Varietäten des Aragonesischen Fälle von Bewahrung sehr alter starker Formen zu verzeichnen: So gehört nach Alonso Zamora Vicente in den Mundarten einzelner Orte Aragons (Trola, Fiscal, Biescas, Bielsa) zum Paradigma des Verbs *querer* anstelle einer (wie auch immer gearteten schwachen Form) das starke Partizip *quiesto/quiasto*.[270]

Eine bemerkenswerte Besonderheit ist, dass in einzelnen aragonesischen Dialekten auch Verben der *a*-Konjugation Partizipien entwickelt haben, die dem starken Bildungsmuster (mit Stammbetonung) entsprechen. Ramón Menéndez Pidal spricht hier von „participios sin sufijo"; als Beispiele nennt er *pago, canso, nublo* und *siento* (= normspanisch *pagado, cansado, nublado, sentado*).[271]

Zamora Vicente weist bei der Behandlung des Aragonesischen schließlich auch auf eine Entwicklung hin, die zwar nur teilweise mit dem Übergang von einem Bildungsprinzip zum anderen im Zusammenhang steht, die aber (in der Normsprache nicht existierende) analogische Verbindungen zwischen den Partizipien und dem *pretérito perfecto simple* verdeutlicht: In einigen Lokolekten (Torla, Teruel) lauten die Formen des Partizips *trujido* (zu *traer*; vgl. altkast. *truje*), *hubido* (zu *haber*) und *tuvido* (zu *tener*).[272]

---

269   Vgl. Zamora Vicente 1996, 331. Menéndez Pidal 1980, 320, nennt anstellte von *abrío* die Form *abrigo* (zu *abrir*). Zu lat. *quaestum* als Nachfolgeform von schwachem *quaesītum* (das sich im Kastilischen zum ebenfalls schwachen *querido* entwickelt) vgl. Kap. 6.1.

270   Vgl. Zamora Vicente 1996, 263.

271   Menéndez Pidal 1980, 320 (§ 121). Vgl. auch González Pérez o.J., 248.

272   Vgl. wiederum Zamora Vicente 1996, 263.

6 Historische Entwicklung des *participio pasado*: Darstellung

6.1. Latein

Ebenso wie im Spanischen wird schon im Latein zwischen starken und schwachen Partizipien unterschieden. Auch hier ist, wie z.b. in der Definition von André Lanly zum Ausdruck kommt, die Stamm- bzw. Endungsbetonung das entscheidende Kriterium für die Unterscheidung der beiden Typen:

> Parmi les participes passés latins, on distingue :
> A. des formes dites « faibles » parce qu'elles sont accentuées sur la terminaison,
> B. des formes dites « fortes » parce qu'elles sont accentuées sur le radical.[273]

Im Zusammenhang mit der Stamm- bzw. Endungsbetonung spielt die Zugehörigkeit zur jeweiligen Konjugationsklasse eine wichtige Rolle. Die Details sind für die Zwecke der Romanistik nicht relevant; es genügt die resümierende Feststellung Ralph Pennys:

> [...] la inmensa mayoría de los verbos en -ĀRE e -ĪRE tenían participios débiles (con el acento en la terminación) (CANTĀTUS, AUDĪTUS, de donde *cantado*, *oído*), mientras que una gran proporción de participios pertenecientes a los verbos en -ĒRE y -ĔRE llevaban als acento en el radical (TEMĬTUS, MISSUS, DICTUS, etc.).[274]

Die „starken" Partizipien weisen eine Vielzahl unterschiedlicher Bildungsweisen auf; Lanly nennt die Partizipien mit Endung auf -*tu* (*natu*, von *nascĕre*), diejenigen auf -*ctu* (*cinctu*, von *cingĕre; coctu*, von *coquĕre*) und solche auf -*ltu, -ntu, -ptu, -rtu* und -*su*.[275] Nyrop fügt dem noch das Partizip auf -*ĭtu/m*) hinzu (*debĭtum, habĭtum* etc.).[276] Teilweise verfügen im klassischen Latein jene Verben, die ein starkes Perfekt bilden, auch über ein starkes Partizip: *habēre: habuī, habĭtus*; mit Stammbetonung sowohl beim *pretérito perfecto sim ple* als auch beim Partizip.

---

273 Lanly 2002, 57. Vgl. auch schon Meyer-Lübke 1894, 370.
274 Penny 2008, 268. Ausführliche Darstellung etwa bei Ernout 1953, 219–228. Die Termini „fort" und „faible" verwendet Ernout im Zusammenhang mit den Partizipien allerdings nicht.
275 Nach Lanly 2002, 59 ff.
276 Nyrop 1968, 83 f. (§ 107).

Wie schon beim Perfekt sind auch bei den Partizipien die starken Formen nach Lanly die „formes héréditaires", also die historisch älteren.[277] Die Entwicklung hin zu schwachen Formen ist schon im Latein nicht nur bei der Bildung des Perfekts festzustellen, sondern auch bei den Partizipien. So ist bereits frühzeitig der Ersatz zahlreicher stammbetonter Partizipien durch solche mit Betonung der Endung belegt. Schon im klassischen Latein gehen manche Partizipien zur schwachen Bildungsweise über (vor allem bei den meisten Verben der *u*-Konjugation, so etwa bei *statuĕre*: Perfekt *statuī* mit Stammbetonung; Partizip Perfekt *statūtus* mit Endungsbetonung; *solvĕre*: *solvī*, *solūtus*[278]). Etwas später belegt sind *implicāta* statt *implicĭta*, *domātus* für *domĭtus*, *praestātus* an Stelle von *praestĭtus*.[279]

Soweit die begrenzte Quellenlage derartige Aussagen erlaubt, scheint diese Entwicklung sich im Vulgärlatein noch auszuweiten:

> El latín vulgar prefería los participios débiles a los fuertes, muchos participios fuertes se sustituyeron por débiles en latín vulgar: LC *sensus* > LV *sentítu* > esp. *sentido*; LC *saltus* > LV *salítu* > esp. *salido* [...] Sin embargo, algunos participios fuertes pasaron al latín vulgar: LV *factu* (esp. *hecho*), LV *dictum* (esp. *dicho*), LV *pósitu* (esp. *puesto*) [...][280]

> *Formes faibles*. Bien caractérisées – puisqu'elles portaient l'accent su la voyelle pénultième – ces formes ont été les seules vraiment productives.[281]

Weitere Beispiele für diese Entwicklung in der gesprochenen Sprache nennt u.a. André Lanly: *bibĭtu* > *bibūtu*; *credĭtu* (von *credĕre*) > *credūtu*; *cretu* (von *crescĕre*) > *crevūtu*; *cursu* > *currūtu*; *placĭtu* > *placūtu*; *ventu* > *venūtu* u.a.m.[282] Die Formen auf -*ūtu* setzen sich im Iberoromanischen allerdings überwiegend nicht durch; sie werden durch andere schwache Partizipien ersetzt (lat. *sapĭtu* > span *sabido*, dagegen ital. *saputo*; *lat. habĭtu* > span. *habido*, dagegen

---

277 Vgl. Lanly 1977, 59.

278 Beispiele nach Väänänen 1967, 154.

279 Vgl. Väänänen 1967, 154 (§ 341). Die Belege reichen z.T. bis Horaz zurück. Weitere Beispiele bei Lanly 2002, 58:

280 Lathrop 1995, 72 (LC – latín clásico, LV – latín vulgar). Besonders häufig ist der Übergang zu Partizipien mit den Endungen -*utu* oder -*itu* (wobei letztere für die Entwicklung im Spanischen bedeutsam wird. Vgl. Meyer-Lübke 1909, 179 (§ 177). Beispiele auch bei Lausberg 1972, 280.

281 Lanly 2002, 58.

282 Lanly 2002, 58 f. Lanly nimmt bei einigen Formen eine Zwischenstufe mit -*ĭ*- an (*crevĭtu*, *currĭtu*). Vgl. auch Penny 2008, 268, sowie Lloyd 2003, 279. Lloyd nimmt an, dass der Übergang zu der Endung -*ūtu* durch Analogie zur Perfektendung -*uī* zustande gekommen ist.

ital. *avuto*; lat. *tenītu* > span. *tenido*, dagegen ital. *tenuto*[283]). Diese sind aber ebenfalls dem schwachen Typus zugehörig. Zeitpunkt und Konsequenzen dieses Wandels, der sich teilweise erst im Romanischen vollzieht, beschreibt Ralph Penny wie folgt:

> Los participios en -*udo* fueron bastante frecuentes hasta el siglo XIII, pero después declinaron con rapidez y desaparecieron por completo en el siglo XIV, sustituidos por formas en -*ido*, contribuyendo así a la pérdida del contraste entre los verbos en -*er* e -*ir*.[284]

Der umgekehrte Prozess (Überwechseln der Partizipien vom schwachen zum starken Typus) findet nach Kristoffer Nyrop hingegen in lateinischer Zeit nicht statt („Dès les premiers temps, on a créé de nouvelles formes faibles, jamais des formes fortes"[285]). Dieser Aussage kann in ihrer Radikalität allerdings nicht zugestimmt werden: Zumindest in Einzelfällen sind Wandlungsprozesse von der schwachen hin zur starken Bildung des Partizips nachweisbar. Als Beispiel kann hier das schon im Zusammenhang mit der lateinischen Perfektkonjugation (vgl. Kap. 3.1.) erwähnte Verb *quaerĕre* gelten: Das Partizip lautet in klassischer Zeit *quaesītum*, ist also schwach.[286] Daneben tritt jedoch frühzeitig das starke *quaestum*.[287] Ein weiteres Beispiel ist *solvĕre*: Das Partizip ist ursprünglich das schwache *solūtum*; die spanische Nachfolgeform *suelto* verweist aber auf ein – zumindest regional existierendes – starkes lateinisches *solŭtum*.

6.2. Altkastilisch: Bestandsaufnahme und historische Entwicklung

Wir kommen zum Altkastilischen. Die Beschreibung der Partizipien in mittelalterlicher Zeit wird dadurch erschwert, dass die einschlägigen historischen Grammatiken allenfalls beiläufig auf diesen Aspekt der Morphologie eingehen – sie thematisieren meist nur die Bildung der Formen des *pretérito perfecto simple*. Eine Ausnahme bilden die lexikalisierten Partizipien, auf die ich noch besonders eingehen werde.

---

283   Vgl. Kiesler 2006, 58, und Lausberg 1972, 280.
284   Penny 2008, 269.
285   Nyrop 1968, 76 (§ 97).
286   Vgl. u.a. Ernout 1953, 222 (§ 313)
287   Vgl. schon Meyer-Lübke 1901, 161 (§ 161). Mit Blick auf das Spanische vgl. Lloyd 2003, 500. Der Autor verweist auf die altkastilische Form *quisto*, die ein starkes lateinisches Partizip voraussetzt.

Die folgende Darstellung behandelt – von einzelnen Ausnahmen abgesehen – nur solche Partizipien, die auf einfache Verben zurückgehen.

6.2.1. Bestandsaufnahme

Wir betrachten als erste Gruppe jene Verben, die im Altkastilischen sowohl über ein starkes *pretérito perfecto simple* als auch über ein starkes *participio pasado* verfügen.

Ich übernehme bei ihrer Aufzählung der Vergleichbarkeit halber die in Kap. 3.2.1. vorgenommene Anordnung der Formen in Abhängigkeit vom jeweiligen Stammvokal der jeweiligen *pretérito*-Form.[288]

– Partizipien zu Verben mit dem Vokal /a/ im Stamm der altkastilischen *pretérito*-Formen: *nado* (zu *nascer*, *pretérito*-Form *nasque*), *rado* (zu *raer* – *rase*), *remasso* (zu *remanir* – *remase*), *tanxo* (zu *tañer* – *tanxe*), *trecho* (zu *traer* – *traje*);

– Partizipien zu Verben mit dem Vokal /i/ im Stamm der altkastilischen *pretérito*-Formen: *cinto* (zu *ceñir* – *cinxe*), *dicho* (zu *dezir/decir* – *dije*), *escrito/escripto* (zu *escribir* – *escrise*), *ido* (zu *exir* – *ixe*), *miso* (zu *meter* – *mise*), *preso* (zu *prender* – *prise*), *quisto* (zu *querer* – *quise*), *riso* (zu *reyr* – *rise*), *tinto* (zu *teñir* – *tinxe*), *visto* (zu *ver* – *vide*);

– Partizipien zu Verben mit dem Vokal /o/ im Stamm der altkastilischen *pretérito*-Formen: *cocho* (zu *cozer/cocer* – *coxe*); *crecho* (zu *crescer/crecer* – *crove*);

– Partizipien zu Verben mit dem Vokal /u/ im Stamm der altkastilischen *pretérito*-Formen: *ducho* (zu **ducir*),[289] *aducho* (zu *aducir* – *aduje*), *destruto/destructo* (zu *destruir* – *destruje*), *introducto* (zu *introducir* – *introduje*),[290] *puesto* (zu *poner* – *puse*), *responso* (zu *responder* – *respuse*).

Ähnlich wie bei den Formen des *pretérito perfecto simple* kommen auch bei den Partizipien phonetische Schwankungen vor, die eine eindeutige Zuordnung zu

---

288 Partizipformen im Allgemeinen nach Zauner 1908, § 126.

289 Das Partizip *ducho* (zu **ducir*) ist in zahlreichen Texten noch nachweisbar: „Tu eres Avarizia, eres escasa mucho; al tomar te alegras, el dar non lo as **ducho**" (Juan Ruiz: *Libro de buen amor*, c. 246ab). In den hier konsultieren Quellen findet sich jedoch kein einziger Beleg für die Verwendung eines konjugierten Verbs **ducir*.

290 Laut *DCECH* handelt es sich sowohl bei *destructo* als auch bei *destruto* um „cultismos" (unter *construir*). Dasselbe gilt für *introducto*.

den hier unterschiedenen Gruppen erschweren. So existiert neben *preso* (zu *prender*) auch *priso*. Das noch heute hochfrequente Partizip *dicho* (zu *decir*) tritt im Mittelalter auch als *dito* und *decho* auf, usw.[291] Für die hier behandelte Fragestellung (starke oder schwache Form) ist diese phonetische Variation irrelevant.

Neben den aufgeführten Verben mit starken Partizipien existieren schon in altkastilischer Zeit viele, die zwar ein starkes *pretérito perfecto simple* besitzen, bei denen in den hier konsultierten Texten aber nur ein schwaches *participio pasado* nachweisbar ist. Die Diskrepanz ist in diesen Fällen meist aus dem Latein ererbt. Da die betreffenden Partizip-Formen im Neuspanischen erhalten geblieben sind, genügt hier die Nennung einiger weniger Beispiele:[292]

– Partizipien zu Verben mit dem Vokal /a/ in den *pretérito*-Formen: *raydo* (zu *raer – raxe*);

– Partizipien zu Verben mit dem Vokal /i/: *metido* (zu *meter – miso*), *venido* (zu *venir – vine*);

– Partizipien zu Verben mit dem Vokal /o/:[293] *avido* (*ove – avido*), *cabido* (zu *caber – cope*), *sabido* (zu *saber – sope – sabido*);

– Partizipien zu Verben mit dem Vokal /u/: *fuydo* (zu *fuir/huir – fuxe*), *podido* (zu *poder – pude*).

6.2.2. Wandlungerscheinungen

Auch bei den Partizipien ist die Zahl der starken Formen im Altkastilischen deutlich höher als im heutigen Spanisch. Es hat also, aus der Gegenwartsperspektive betrachtet, eine deutliche Reduktion der starken Formen stattgefunden.

> La lengua medieval conservaba una nómina más amplia de participios fuertes que la que ha llegado a nuestros días.[294]

---

291 Vgl. Hanssen 1910, 93 (§ 33).

292 Partizipformen nach Schede 1987.

293 Die von Penny vorgenommene Einteilung der Verben in die Gruppe derer mit /o/ bzw. mit /u/ im Stammvokal des *pretérito perfecto simple* ist problematisch: Viele Verben treten in den Texten in beiden Realisierungen auf (z.B. das erste Verb der Gruppe mit /o/ (*andar*): Neben *andove* ist auch *anduve* belegt. Ich behalte die Trennung jedoch der besseren Übersichtlichkeit bei.

294 González Pérez 2008, 248.

Profitiert hiervon haben erwartungsgemäß die schwachen Formen. Dieser Wandlungsprozess deutet sich bereits im Altkastilischen an: Vielfach sind in dieser Zeit bereits Schwankungen zwischen starken und schwachen Partizipien festzustellen, die als Signale eines sich abzeichnenden Übergangs von der einen in die andere Kategorie gelten können. Der im Spätlatein begonnene Wandlungsprozess setzt sich also im Altkastilischen fort. Hier besteht, wie Ralph Penny betont, eine Parallele zum Werdegang der Formen des *pretérito perfecto simple*:

> Otra similitud con el perfecto es que la mayoría de verbos que en latín tenían participios fuertes y que han sobrevivido en español, ahora tienen participios débiles (p.ej. CURSUS, HABĬTUS, MISSUS > *corrido, habido, metido*).[295]

Nachfolgend sind einige Belege für die parallele Verwendung der beiden Typen aufgeführt (geordnet wiederum nach dem Vokal des Stamms der *pretérito*-Form).[296] Ich beschränke mich bei der Anführung von Textbelegen auf jeweils wenige exemplarische Vertreter einer jeden Gruppe.

– Partizipien mit dem Vokal /a/ im Stamm des *pretérito*:

Hier ist u.a. bei dem Verb *na(s)cer* (Perfektform *nasque*) in starkes Partizip *nado/ nada* belegt. Es konkurriert aber schon früh mit der schwachen Form *nacido*: „El antiguo participio fue *nado* …, pero la innovación *nacido* ya aparece en el *Auto de los Reyes Magos*.“[297] Im *Poema de Mio Cid* finden beide Formen parallel zueinander Verwendung. Beispiele:

> Ca quando nasco a deliço [mi barba] fue criada,
> ca non me prisa a ella fijo de mugier **nada** (*Cid*, 3284 f.)

> Doña Endrina es vuestra e fará mi mandado:
> Non quiere ella casarse con otro omne **nado** (Ruiz, *Libro de Buen Amor*, c. 798ab)

> ¡Ya Campeador, en buen ora fuestes **naçido**! (*Cid*, v. 71)

---

295   Penny 2008, 268. Das Zeichen für den Kurzvokal bei HABĬTUS habe ich im Interesse der Klarheit nachgetragen.

296   Zauner 1908, § 126, wählt für seine kurze Darstellung der altkastilischen Partizipien ein anderes Einteilungsschema. Er unterscheidet zwischen starken Partizipien „auf *s*“ (*preso* usw.) und solchen „auf *t*“ (*frito, abierto*, mit lautlicher Modifikation auch *fecho, trecho* usw.).

297   DCECH, unter *nacer*.

Die aufgeführten Beispiele dokumentieren, dass die Form *nado/nada* vorwiegend in festgefügten Redewendungen (*omne nado, mugier nada*) auftrat. Sie ist bis ins 14. Jahrhundert hinein relativ häufig nachweisbar. Zuweilen wird sie noch in aktuellen Wörterbüchern aufgeführt (allerdings mit dem Vermerk „ant.[icuado]").[298] Die schwache Form setzt sich also letztlich durch.

Eine vergleichbare Entwicklung ist bei den Partizipien des Verbs *raer* (*pretérito*-Form *raxe*) festzustellen. Auch hier bestehen ein starkes Partizip *raso* und eine schwache Form *raido/raydo* nebeneinander:

[…] abivó la culebra; ante que la él asa,
entró en un forado d'esa cozina **rasa** (Ruiz, *Libro de Buen Amor*, c. 1350cd);[299]

[…] los otros çincuenta moraiiedis quando ffuere todo escripto y acadado, [luo]s que dedes complimiento de parga mino **rraydo** […] (Menéndez Pidal 1966, 356, 16)

Die Form *raso* hat im Altkastilischen allerdings schon überwiegend adjektivischen bzw. sogar substantivischen Charakter angenommen. In adjektivischer Verwendung bedeutet das Wort im Mittelalter ebenso wie heute meist „flach, glatt" verwendet („plano, liso, desembarazado de estorbos"[300]). Hiervon ausgehend hat sich auch ein Substantiv mit der Bedeutung „tela de seda lustrosa" gebildet, das u.a. im *Quijote* belegt ist.[301] Als Partizip ist jedoch nur die schwache Form erhalten geblieben.

Auch bei *remanir/remane(s)cer* (*pretérito*-Form *remase*) präferiert das Altkastilische offenbar bereits das schwache Partizip *remanido/remanecido*. So heißt es schon im *Poema de Mio Cid*:

Ya lo vedes que partir nos hemos en vida,
yo iré e vós fincaredes **remanida** (*Cid*, vv. 280 f.)

Zwar ist in mittelalterlicher Zeit auch ein Partizip *remanso* belegt. Dieses hat aber bereits im Altkastilischen weitgehend substantivischen Charakter; es geht auf das lateinische Supinum zurück und bedeutet „detención o suspensión de la

---

298   Vgl. z.B. *DLE* (eigener Eintrag).
299   Die Textstelle bereitet bei der Übersetzung einige Schwierigkeiten. Alberto Blecua als Herausgeber der hier benutzen Ausgabe des *Libro de Buen Amor* schlägt für *rasa* vor: „agujero en una cocina al ras del suelo (un ‚lar')" (ebd., Anm. 1350d).
300   *DME* II (eigener Eintrag).
301   Vgl. *DCECH* IV (unter *raer*).

corriente del agua u otro líquido."[302] Wiederum ist das schwache Partizip jenes, das sich letzten Endes durchsetzt.

Als Partizip des Verbs *traer (traje)* fungiert ursprünglich die starke Form *trecho*. Diese erscheint noch bei Berceo. Allerdings tritt sie zunehmend in Konkurrenz zu der schwachen Form *traydo/traido* (auch diese kommt bei Berceo vor; hier – verbunden mit dem Adverb *mal* – in der Bedeutung „verraten"). Die beiden Partizipien finden in demselben Text Verwendung:[303]

> [...] nunca te verás pobre ni te verás mal **trecho**;
> E si tú ál fizieres, fer-m-as muy grant despecho (Berceo: *Libro de Alixandre*, c. 369cd)

> Fazié se Alixandre mucho maravellado,
> omne tan mal **traído** seer tan acordado (Berceo, *Libro de Alixandre*, c. 2215, ab)

Auf die starke Partizipform gehen die früh belegten Substantive *trecho* („espacio"; vgl. Cejador 2005) und *trecha* („obra, labor", vgl. *DME*) zurück. Letzteres findet ebenfalls schon bei Berceo Verwendung (vgl. *DME*). Heute existiert als Partizip nur noch die schwache Form *traído*.

– Partizipien mit dem Vokal /i/ im Stamm des *pretérito*

In dieser Gruppe verfügen einige Verben in altkastilischer wie in neuerer Zeit über ein starkes Partizip (*dezir: dije: dicho; fazer/hacer: fize/hice: fecho/hecho), ver: vi: visto*[304]). Diese Partizipien sind historisch stabil; schwache Parallelformen scheinen bei diesen – allesamt hochfrequenten – Wörtern nicht vorzukommen. Die Anführung von Textbelegen zu den starken Formen erübrigt sich hier.

Bei den Partizipien des weniger oft gebrauchten Verbs *ceñir* (*pretérito*-Form *cinxe*) allerdings stehen starke und schwache Form im Mittelalter in Konkurrenz zueinander. Im *Poema de Mio Cid* lautet das Partizip noch *cinto*; in der spanischen Fassung des Cantar de los Cantares (14. Jahrhundert) hingegen

---

302   Vgl. *DME* II (eigener Eintrag).
303   Zauner 1908, 86 (§ 126) rechnet diese Form zu den „häufigeren" starken Partizipien. Die in der vorliegenden Untersuchung verwendeten Primärtexte und lexikographischen Quellen bestätigen diese Einschätzung nicht. Bei Schede 1987 1987 ist *trecho* überhaupt nicht aufgeführt.
304   Alarcos Llorach führt in seiner Grammatik als schwaches Partizip von *ver* eine alte Form *veído* an (*GLE*, 147 (§ 206); vgl. auch *NGLE*, 243 f. (Kap. 4.12j)). In den Quellen, die in der vorliegenden Untersuchung benutzt wurden, finden sich hierfür keine Belege.

ceñido.[305] Ähnliches gilt für die unterschiedlichen Partizipien von *cresçer/crecer* (*crecho* und *cresçido/crecido*).[306]

Auch andere Verben der hier behandelten Gruppe verfügen sowohl über starke als auch über schwache Parallelformen. So kennt das Verb *escribir* (*pretérito*-Form *escrise*) in mittelalterlicher Zeit neben der starken Form *escri(p)to* auch ein schwaches Partizip *escribido*. Beide Formen bestehen weitgehend zeitgleich nebeneinander:

> Moros en paz, ca **escripta** es la carta (*Cid*, v. 527)

> Braulio lo diz, que ovo la verdat **escribida** (Berceo, *Vida de San Millan de Cogolla*, v. 137)

Die schwache Form scheint in altkastilischer Zeit wesentlich seltener verwendet zu werden als die ererbte starke. Bei der weiteren Entwicklung hin zum aktuellen Spanisch hat sie sich bekanntlich nicht durchsetzen können.[307]

Bei dem Verb *prender* (*pretérito*-Form *prise*) dominiert zu Beginn der altkastilischen Zeit ebenso wie in neuerer Zeit eindeutig das starke Partizip *preso/priso*. Die Form *preso* ist bis heute erhalten geblieben; sie wird jedoch nicht mehr als Partizip, sondern vielfach in substantivischer Funktion verwendet („Gefangener").

> Antes quel' prendan los de Terre, si non, non nos darán dent nada,
> la paria qu' él a **presa** tornar nos la ha doblada (*Cid*, vv. 565 f.)

> [...] non soy yo tan sin seso, [que] si algo he **priso**,
> qien toma dar deve, dizelo sabio enviso (Juan Ruiz, *Libro de Buen Amor*, c. 173cd)

Das schwache Partizip *prendudo/prendido* kommt im Altkastilischen nur vereinzelt vor (u.a. im *Fuero Juzgo*[308]). Es wird erst später zur dominanten Form, ohne allerdings das ältere *preso* gänzlich zu verdrängen.

Auch bei den Partizipien des (häufig vorkommenden) Verbs *querer* (starke *pretérito*-Form *quise*) sind im Mittelalter unterschiedliche Formen

---

305   Vgl. *Cid*, v. 578 (*çintas*) und Schede 1987 (*cennidos*).
306   *Crecho* ist belegt bei Alfonso el Sabio (nach *DME* I, eigener Eintrag), *crecido* u.a. in der spanischen Übersetzung von Titus Livius (vgl. Schede 1987).
307   Zur Verwendung in altkastilischer Zeit vgl. auch *NGLE* 4.12j. Die Form kommt heute nur in der ironisch gemeinten Redensart *ser muy leído y escribido* vor („besserwisserisch tun"; vgl. de Bruyne 1993, 395, Anm. 133.
308   Vgl. *DME* II (eigener Eintrag *prendudo*). Die Partizipendung auf -*udo* ist im Kastilischen ungewöhnlich; vgl. oben, Kap. 6.1.

nachzuweisen: Das starke *quisto*[309] und das schwache *querido* bestehen nebeneinander. Die beiden Partizipien kommen zuweilen, wie die nachfolgenden
Berceo-Zitate zeigen, bei ein und demselben Autor und in vergleichbaren Kontexten vor:

> si ante lo Teofilo bien **quisto** e amado
> Fo despues mas servido e mucho mas preçiado. (Berceo: *Milagros de Nuestra Señora*,
> c. 745cd)

> Era del pueblo todo **querido** e amado,
> pero por una cosa andava conturbado. (Berceo: *Vida de Santo Domingo de Silos*,
> c. 49cd)

Die Form *quisto* bleibt auch in den folgenden Jahrhunderten noch durchaus
lebendig; allerdings ist eine zunehmende Tendenz zur Verwendung in feststehen-
den Wendungen zu beobachten (so z.B. bei der Benennung Jesu Christi oder der
Gottesmutter Maria im *Libro de buen amor*: „[Mugier] amada e quista": c. 866d,
„tu fijo quisto": c. 32[310]). Im Wörterbuch von Antonio de Nebrija wird schließlich
nur noch der idiomatische Gebrauch in (auch heute noch bekannten) Syntagmen
wie *bien quisto* oder *mal quisto* erwähnt.[311] Anders als z.B. bei *escribir* setzt sich
hier also in den meisten Verwendungen die schwache Form durch.

Das Verb *ver* schließlich kennt in alter Zeit neben dem starken Partizip *visto*
auch die schwache Form *veído* (*ueydo*).[312] Diese bleibt allerdings im Neuspanischen nicht erhalten; die starke Form ist diejenige, die erhalten bleibt.

– Verben mit dem Vokal /o/ im Stamm des *pretérito*[313]

Schwankungen bei den Formen des Partizips gibt es hier z.B. bei *cocer*
(*pretérito*-Form *coxe*, Partizip *cocho* < lat. *cŏctum*, neue schwache Form *cocido*).
Starke und schwache Partizipien finden sich zuweilen in den Werken ein und desselben Autors. Dies ist z.B. der Fall bei Berceo:

---

309 Der Stammvokal -*i*- anstelle von -*e*- ist nach Hanssen 1913, 93 (§ 33–34) durch
     Einfluss der Perfektform *quise* zu erklären.
310 Vgl. weiter c. 282b („fijo de Dios muy **quisto**"), c. 1049 f („tu fijo **quisto**"). Zur
     Lautentwicklung vgl. Zauner 1908, § 126.
311 Vgl. *DCECH* IV, unter querer.
312 Vgl. Schede 1987. Die schwache Form wird auch durch Alarcos Llorach in der *GLE*
     erwähnt (147, § 206).
313 Zur Problematik der Abgrenzung der Verben mit /o/ und mit /u/ im Stamm des
     Präteritums vgl. oben, Kap. 3.2.

> Assado lo comiessen non **cocho** el annel. (Berceo: *Del Sacrificio de la Missa*, v. 149, nach Lanchetas);

> Levaronla al forno, fo luego y **cocida**. (Berceo: *Vida de Santo Domingo de Silos*, c. 460c).

Die starke Form *cocho* scheint in altkastilischer Zeit trotz der Konkurrenz von *cocido* durchaus noch längere Zeit gebräuchlich gewesen zu sein; sie ist noch im *Vocabulario* von Alfonso Palencia (1492) aufgeführt.[314] In den neueren Wörterbüchern ist sie nicht mehr verzeichnet.

Auch *crescer/crecer* (*pretérito*-Form *crove*) hat im Mittelalter noch ein starkes Partizip *crecho*, das in den Texten aber zunehmend durch die schwache Form *crecido* verdrängt wird.

> E las pieças de los çercos que están **crechos** sobre este diámetro. (Alfonso X: *Libros de Azafea*, nach *DME*)

> Entró en la ciudad la cabeza primida, la barba mu luenga, la crin mucho **crecida** (Berceo: *La Vida de San Millán de Cogolla*, 78ab)

Die schwachen Formen setzen sich im Laufe der Entwicklung also durch. Bei der Mehrzahl der Verben dieser Gruppe sind schon im Altkastilischen ausschließlich schwache Partizipien nachweisbar.

– Verben mit dem Vokal /u/ im *pretérito*-Stamm[315]

Anders als die übrigen DUCERE-Nachfolgeformen verfügt das im Mittelalter sehr häufig vorkommende Verb *aducir* über ein starkes Partizip (*aducho*, < lat. *addŭctum*). Nachfolgend ein Beispielbeleg aus dem *Cid*:

> Dixo Rachel e Vidas: „Nos d'esto nos pagamos;
> las arcas **aduchas**, prendet seyesçientos marcos" (Cid, vv. 146/147).

Im Verlauf der weiteren Entwicklung kommt dieses Partizip jedoch außer Gebrauch; in neueren Wörterbüchern ist nur noch die Form *aducido* vermerkt.

Conducir ist, wie schon erwähnt, erst spät belegt. Zur Wortfamilie gehört zwar eine Form *conducho*, die auf ein starkes Partizip zurückgeht; sie kommt im Altkastilischen jedoch nur als Substantiv in der Bedeutung „Wegzehrung" vor (z.B. *Cid* vv. 68, 249).

---

314   Vgl. *DME* (eigener Eintrag). Dort zahlreiche weitere Belege. Auch Zauner 1908, § 126, listet die Form unter den „häufigeren" auf.

315   Zur Problematik der Abgrenzung der Verben mit /o/ und mit /u/ im Stamm des Präteritums vgl. oben, Kap. 3.2.

Ebenfalls über ein starkes Partizip verfügt das sehr häufig vorkommende Verb *poner* (*puesto*, < lat. *pŏsĭtum*). Laut *NGLE* hat zeitweise auch ein schwaches Partizip *ponido* existiert, das heute nur noch in der Substandardsprache weiterlebt.[316] Es handelt sich bei *poner* um eines der wenig zahlreichen Verben, bei denen trotz der Existenz einer schwachen konkurrierenden Form das starke Partizip sich letztlich durchsetzt.

Zuweilen sind schwache Partizipien auch bei solchen Verben belegt, die schon in altkastilischer Zeit nur über ein schwaches *pretérito perfecto simple* verfügen und bei denen heute nur starke *participios pasado* existieren. Die schwachen Formen wirken heute kurios; sie finden sich aber des Öfteren in altkastilischen Texten; einige auch noch in späteren Epochen (vgl. auch Kap. 5.3. zu den heutigen Dialekten). Dies ist der Fall bei den folgenden Partizipien:[317]

– *Abrido* (zu *abrir*, statt *abierto*; „Ocasionalmente se documenta la variante regular *abrido* en textos medievales"),

– *Absolvido* (zu *absolver*, statt *absuelto*; „En la lengua medieval y en la clásica se atestiguan numerosos participios regulares de los verbos terminados en -*solver*"),

– *morido* (SIC!, zu *morir*, statt *muerto*; „El participio regular *morido* se documenta, con vitalidad variable, desde los primeros textos hasta el siglo xvii");

– *rompido* (zu *romper*, statt *roto*; „El participio regular *rompido* estaba sumamente extendido en la lengua medieval y en la clásica. Se usó en español hasta finales del siglo xvi");

– *volvido* (zu *volver*, statt *vuelto*. Se atestiguan numerosas formas regulares terminadas en -*volvido* en la lengua medieval y en la clásica").

Zu nennen sind in diesem Zusammenhang schließlich noch einige Partizipien, die in altkastilischer Zeit sowohl in starker als auch in schwacher Form vorliegen, die aber zusammen mit den zugehörigen Verben in der späteren Entwicklung untergegangen sind. Zu diesen gehört u.a. *tuelto*/*tullido* (zu *toller*).[318]

---

316   Vgl. *NGLE*, 243 (4.12j): „Se registra el participio regular *ponido* en la lengua antigua y también hoy – ocasionalmente – en algunas variantes de la lengua popular. Sin embargo, no hat paado a la lengua estándar."

317   Zitate nach *NGLE* 243 f. (= 4.12j). Zu *rompido* vgl. auch *DCECH* V (dort Verweis auf übertragenden Gebrauch in der *Celestina*, zu *volvido* zusätzlich Schede 1987 (*rompidos/ronpido* sowie *volvido* in der spanischen Übersetzung von Titus Livius).

318   Zu *tuelto* vgl. Zauner 1908, § 126. Beleg zu *tollido* z.B. bei Berceo: *Milagros de Nuestra Señora*, c. 230: E tu asme **tollido** a mi un capellano.

6.2.3. Differenzierungs- und Lexikalisierungsprozesse

Trotz des festgestellten „drifts" hin zum schwachen Bildungsprinzip sind in vielen Fällen die starken Formen, die im Mittelalter noch in Konkurrenz zu den schwachen standen, nicht völlig aus der Sprache verschwunden. Einige davon sind heute nur noch in Dialektvarietäten oder festen Fügungen gebräuchlich.[319] Wichtiger ist aber, dass viele der (ehemaligen) Partizipien heute einer anderen grammatischen Kategorie angehören. Sie haben, wie sowohl in historischen Grammatiken als auch in der *NGLE* ausführlich erläutert wird, heute den Charakter von Adjektiven oder sogar Substantiven:

> A pesar de la sustitución de muchos participios fuertes por formas débiles en español, la lengua medieval había conservado una serie más extensa de participios fuertes de los que hoy día continúan en uso [...]
>
> [...] varios participios medievales españoles sobrevivieron en español moderno sólo con valor nominal o de adjetivo ([...]).[320]

> Los participios regulares de algunos verbos concurren a veces con los irregulares, [...], aunque con notables diferencias en su extensión y en su uso. Los participios irregulares ([...]) suelen ser más frecuentes que los regulares ([...]) usados como modificadores nominales (*un libro impreso en papel barato*) o como atributos o complementos predicativos (*El libro está impreso en papel barato*). En este uso concurren adjetivos y participios [...] Las formas regulares se suelen imponer en las formas compuestos del verbo (*Han imprimido el libro en papel barato*), sobre todo en algunas zonas de América.[321]

In der *NGLE* und in weiteren Grammatiken finden sich regelrechte Listen solcher Dubletten;[322] andere Werke weisen nur mehr oder weniger knapp auf die Existenz dieser Doppelentwicklungen hin. Vielfach handelt es sich bei diesen Nachfolgeformen ehemaliger starker Partizipien um gelehrte Formen. In den Wörterbüchern sind diese Formen meist als eigene Einträge verzeichnet.[323]

---

319   Gemeint sind Fälle wie -*quisto* in *bienquisto/malquisto*, in denen sich das starke Partizip trotz der Dominanz der schwachen Form *querido* gehalten hat.

320   Penny 2008, 269 bzw. 271.

321   *NGLE* 4.12k, 244. Ähnliche Beobachtungen finden sich schon in der Grammatik von Andrés Bello. Vgl. González Pérez 2008, 247.

322   So z.B. in der 1994 erschienenen *Gramática de la lengua española* von Emilio Alarcos Llorach. Der Autor verweist – ungeachtet der ansonsten synchronen Ausrichtung seiner Grammatik – darauf, dass die meisten der genannten starken Formen vergangenen Sprachepochen angehören (*GLE* 147, § 206).

323   Zu den Unterschieden der Notation in verschiedenen aktuellen Wörterbüchern vgl. González Pérez 2008, besonders 249–252.

Nachfolgend einige Beispiele (sowohl nicht-abgeleitete als auch abgeleitete Formen; Bedeutungsangaben nach *DLE* und *DEA*):

Verb	Schwaches Partizip	Adjektiv (Ehemaliges starkes Partizip)	Wortart und aktuelle Bedeutung des ehemals starken Partizips
abstraer	*abstraído*	*abstracto*	adj 1 Cosa abstraída …b) Proprio de la cosa abstraída … c) que se basa en nociones y se limita a ellas … 2. [Arte] que utiliza la materia, la línea y el color por sí mismos … 3. Impreciso o vago … 4. [Gram.]…5. [Mat.]… (DEA)
bendecir, maldecir	*bendecido, maldecido*	*bendito, maldito*	bendito I adj 1. Bendecido …, 2. Bienaventurado o santo … 3. [Persona] muy buena … II. M y f. 4. Persona muy bondadosa y sin malicia … (DEA) maldito I adj 1 Maldecido … 2 [Pers. …] rechazado por la sociedad, 3 [Pers.] perversa o de mala intención, 4–6 [col.] … II interj. (col.) 6 Maldita sea … (DEA)
bienquerer, malquerer	*Bienquerido, malquerido*	*bienquisto, malquisto*	bienquisto: adj (lit) Que disfruta de estimación o de desprecio; malquisto: adj (lit)Que es objeto de antipatía o de hostilidad (DEA)

Verb	Schwaches Partizip	Adjektiv (Ehemaliges starkes Partizip)	Wortart und aktuelle Bedeutung des ehemals starken Partizips
ceñir	*ceñido*	*cinto*	sust m, 1. Cinturón, 2. Terreno aprovechable en una ladera (DEA)
conducir	*conducido*	*conducho*	sust m 1. Comestibles que podían pedir los señores a sus vasallos; 2. Comida, bastimento (DLE)
freír	*freído*	*frito*	I adj 1. Part. freír; 2. (col.) Fastidiado o molesto; 3. (col.) Dormido; 4. (col.) Muerto; II. Subst. m. comida frita[324]
poseer	*poseído*	*poseso*	adj [Pers.] poseída por un espíritu … (DEA)
prender	*prendido*	*preso*	I Adj 1. privado de libertad … II 2.loc … (DEA)
responder	*respondido*	*responso*	m conjunto de preces y versículos que se dicen por los difuntos (DEA)
teñir	*teñido*	*tinto*	adj 1. (vino) de color rojo muy oscuro; 2. Rojo muy escuro (DEA)
traer	*traído*	*trecho*	sust m 1. Espacio o distancia entre dos lugares; 2. Trozo o parte … (DEA)

---

324   Vgl. auch *DPD*, unter *freír*: „Ambos [participios] se utilizan indiferentemente en la formación de los tiempos compuestos (…) y de la pasiva perifrástica (…), aunque hoy es mucho más frecuente el empleo de la forma irregular (…). En función adjetiva, sin embargo, solo se usa la forma *frito* (……).“

6.3. Fixierungsprozesse in der frühen Neuzeit

Angesichts der beschriebenen Doppelentwicklungen stellt sich auch bei den Partizipien die Frage, wie die Grammatiker des Siglo de Oro und der nachfolgenden Jahrhunderte sich zu dem Phänomen verhalten.

Der Begründer der spanischen Grammatikographie, Antonio de Nebrija, widmet dem Partizip (oder genauer: den Partizipien) in seiner *Gramática de la lengua castellana* gleich zwei Kapitel: Capítulo XIII „Del participio" und Capítulo XIIII „Del nombre participial infinito."[325] Die ungewöhnliche Unterscheidung ist darin begründet, dass Nebrija die Existenz zweier Arten von Partizipien annimmt. Denn das Partizip ist je nach Verwendung in Abhängigkeit vom Bezugsnomen variabel (etwa bei der Kombination mit *ser*) oder invariabel (z.B. im *pretérito* in Kombination mit *haber*: *nosotros hemos amado las mugeres*, nicht **amadas*[326]). Nebrija thematisiert auch die Existenz von „participios del tiempo passado" mit aktivischer Bedeutung: *callado, el que calla; hablado, el que habla* etc.[327] Auf das Problem der Bildung der Partizipien und der Unterscheidung von starken und schwachen Formen geht er jedoch nicht ein, obwohl er Beispiele für beide Typen anführt (*amado* vs. *hecho* usw.). – Auch Juan de Valdés erwähnt einige Jahrzehnte nach Nebrija die Partizipien des Kastilischen nur beiläufig. So stellt er bei seinen Ausführungen zu den geläufigen und veralteten Wörtern und Formen fest, dass zu seiner Zeit das starke Partizip des Verbs *cocer* durch die schwache Form ersetzt worden ist („por lo que antes dezían *cocho* agora dezimos *cozido*"[328]). Als veraltet stuft er auch das starke Partizip *ducho* (< lat. *dŭctus*, zu *dūcĕre*) ein; als Beleg für seine Verwendung führt er ein Sprichwort an, in welchem das Partizip eine sehr spezielle Bedeutung annimmt: „Nuestros passados dezían *ducho*, por *vezado* o *acostumbrado*."[329] Wenig Beachtung findet die Bildung der Partizipien auch in den drei kastilischen Grammatiken aus der Mitte des 16. Jahrhunderts. Die anonyme *Vtil y breve institvtion* konstatiert zwar, dass das Kastilische über kein Partizip des Futurs verfügt („No tienen los Hespañoles participio de futuro, sino vsan de circumloquio"[330]). Die Bildungsweisen der im Gebrauch befindlichen Partizipien werden aber pauschal mit einem einzigen Satz beschrieben, der den starken Formen in keiner Weise gerecht wird: „Los [participios] del preterito se acaban en

---

325 Nebrija 1989, 203–206.
326 Nebrija 1989, 205.
327 Nebrija 1989, 203.
328 Valdés 1969, 121.
329 Valdés 1969, 121. Ein schwaches Partizip **ducido* erwähnt Valdés nicht.
330 *UBI* 1977, 101.

Do, como Amado, visto, escripto."[331] In den umfangreichen Listen der Verbformen werden nur die (allesamt schwachen) Partizipien der drei Grundkonjugationen erwähnt.[332] Ähnliches gilt für die Grammatik des Cristóbal de Villalón: Der Autor beschreibt zwar, in welchen Tempora und Modi des Kastilischen Partizipien Verwendung finden;[333] die Verfahren, die bei der Bildung der Formen dieser Wortart zur Anwendung kommen, lässt er jedoch unkommentiert. Wesentlich informativer ist in dieser Hinsicht die anonyme *Gramática de la lengua vulgar de España*. Der Autor beschreibt die Bildung der schwachen Partizipien, indem er von den Formen des Imperfekts ausgeht. Die starken Formen stuft er als Ausnahmen ein:

> Primeramente deduzimos un Nombre Verbal, que assi lo nombramos; del Preterito Imperfeto del Verbo, que declinamos [SIC!]: la deduction es de tal manera, que en los Verbos de la primera declinacion quitamosle ala primera persona del dicho tiempo la ultima silaba, que es -Va; en los dela segunda i tercera le quitamos la ultima letra, que es -a: i en lugar delo quitado, añadimos esta silaba -do; como amá-do, corrído, sentído. En los dela tercera hai alguna ecepcion, que la remito al uso; i assi dezimos escrito.[334]

Gonzalo de Correas schließlich, der hier wiederum als letzter Grammatiker des Siglo de Oro konsultiert werden soll, gibt – ähnlich, wie dies in einigen Grammatiken des 16. Jahrhunderts geschehen ist – eine detaillierte Übersicht über die Konjugation der diversen Verbklassen in den unterschiedlichen Tempora und Modi. Was die Partizipien angeht, so erwähnt er vor allem schwache Formen. In Bezug auf das *participio pasado* des Verbs *ver* allerdings nennt er ohne näheren Kommentar die starke Form *visto*.[335] Zudem erstellt er eine regelrechte Liste der *participos formados irregularmente*, die mit dem heutigen Inventar der starken (teilweise lexikalisierten) Partizipien weitgehend übereinstimmt (*abierto*, *buelto = vuelto*, *confuso* usw.). Interessanterweise führt er auch eine Reihe von schwachen Alternativformen an. Diese Formen sind teilweise auch heute noch im Gebrauch; sie entsprechen allerdings nicht immer der Norm: „En rrodeos se usan algunos rregulares, como *desdezido, soltado, dixerido, rronpido, confundido, despertado: é despertado, as despertado.*"[336] Correas erkennt schließlich

---

331 *UBI* 1977, 101.
332 *UBI* 1977, 41–100.
333 Villalón 1971, 46 ff. Merkwürdigerweise führt Villalón Beispiele für die Verwendung des Partizips nur bei der „manera de desear" und der „manera de ayuntar" an, nicht aber bei der „manera de mostrar" (den Aussagesätzen).
334 *GLVE* 1966, 61.
335 Correas 1984, 183.
336 Correas 1984, 184.

auch, dass bei einzelnen Verben sowohl starke als auch schwache Partizipien existieren, dass dann aber zwischen ihnen ein Bedeutungsunterschied besteht (*he despertado* vs. *estoy despierto*).

Das Problem der Dubletten ist auch den Grammatikern des Kastilischen außerhalb der Pyrenäenhalbinsel bekannt. So nennt César Oudin, der hier nochmals als Zeuge herangezogen werden soll, nicht nur klare Kriterien für die Unterscheidung der starken und der schwachen Formen. Er konstatiert auch, dass im Sprachgebrauch die „unregelmäßigen" Formen immer noch als Partizipien verwendet werden, obwohl solche des „regelmäßigen" Typs zur Verfügung stehen:

> La première forme de ces participes, qui est régulière, s'emploie pour la formation des temps composés avec les verbes *haber* et *tener*, la seconde, qui est irrégulière, s'emploie avec les verbes *ser* et *estar*. Cependant, *preso, prescrito, previsto, roto, injerto, opreso, supreso*, peuvent se joindre à l'auxiliaire *haber*, et même *roto* est plus usité que *rompido*.[337]

Wir wenden uns wieder der Sprachbeschreibung auf der Pyrenäenhalbinsel zu. Im 18. Jahrhundert widmet die Real Academia in ihrer Grammatik den Partizipien eine kurze Darstellung. Was die Bildungsweise der unterschiedlichen Formen angeht, so wird allerdings nur die Bildung der schwachen Formen mit Hilfe der Endungen -*ado* und -*ido* beschrieben. Zusätzlich wird (wie in der Grammatik von Gonzalo Correas) eine Liste der „participios irregulares en la terminación" vorgestellt. Faktisch handelt es sich hierbei um eine Aufzählung der starken Formen (*abierto, cubierto, confuso* usw.[338]), die deutlich umfangreicher ist als z.B. die von Correas präsentierte Liste. Abgesehen von dem Verweis auf ihre „Unregelmäßigkeit" bleibt die Art und Weise ihrer Bildung aber unkommentiert. Allerdings verweisen die Autoren der ersten RAE-Grammatik darauf, dass zu diesen Formen teilweise auch schwache Entsprechungen existieren. Sie formulieren auch eine Regel zur Verwendung der starken und der schwachen Partizipien, die den adjektivischen Charakter der ersteren andeutet:

> Entre ellos hay algunos que piden la terminacion regular quando se usan con el verbo auxiliar, y así se dice: *has confundido los papeles*[...]; pero quando se usan con otros verbos, piden comunmente estos participios la terminacion irregular y así se dice: *me veo confuso*: [...][339]

---

337   Oudin 1660, 244.
338   RAE 2015, 173 f.
339   RAE 2015, 174.

In dem (mehrere Jahrzehnte vor der Grammatik erstmals erschienenen) *Diccionario de Autoridades* sind so gut wie alle hier behandelten starken Partizipien zwar als eigene Lemmata aufgeführt. In Bezug auf die „unregelmäßige" Bildungsweise begnügen sich die Autoren jedoch im Allgemeinen mit dem Verweis auf das zugrundeliegende Verb (z.B. „ABIERTO: part. pass. del verbo Abrir en sus acepciones"[340]). Eventuell parallel bestehende schwache Formen werden nicht erwähnt; eine Ausnahme stellen die beiden Partizipien des Verbs *romper* dar („ROTO, TA. Segundo part. pass. del verbo Romper. Lo mismo que Rompido"[341]).

---

340   DA, unter *abierto*.
341   *DA*, unter *roto*. Der Eintrag ist Teil des Lemmas *romper*.

7 Historische Entwicklung des *participio pasado*: Erklärungsansätze

Die zusammenfassende Betrachtung der morphologischen Entwicklung der Partizipien ergibt ein gemischtes Bild, das unterschiedliche, z.t. einander entgegenwirkende Tendenzen erkennen lässt.

7.1. Regularisierungstendenzen

Zuerst einmal ist die wenig überraschende Tatsache festzuhalten, dass im heutigen Spanisch auch bei den Partizipien die schwachen Formen deutlich überwiegen. Ansätze zu dieser Verteilung der Typen sind schon in früheren Stadien der sprachlichen Entwicklung gegeben: Im Latein und im Altkastilischen stellten die starken Partizipien im Vergleich zu den schwachen Vertretern der Kategorie ebenfalls die kleinere Gruppe dar. Allerdings hat sich das Verhältnis zwischen den beiden Typen im Laufe der Entwicklung weiter zugunsten der schwachen Formen verschoben. „[E]stos participios fuertes ... han experimentado un relativo retroceso."[342] Vor Allem in der Zeit des Altkastilischen ist eine Vielzahl von ursprünglich starken Partizipien zum schwachen Muster übergegangen: *miso > metido, nado > nacido, preso/priso > prendido, quisto > querido, raso > raído, trecho > traído* u.v.a.m. Meist vollzieht sich dieser Wandel parallel zu jenem der Formen des *pretérito perfecto simple*. Nur gelegentlich sind Ausnahmen zu verzeichnen: So bewahren z.B. die Verben *querer* und *traer* die starken *pretérito*-Formen *quise* und *traje*; an die Stelle des starken Partizips *quisto* und *trecho* treten aber die oben genannten schwachen Formen *querido* und *traído*. Der Hauptgrund für die Zunahme der schwachen Partizipien dürfte wie bei den Formen des *pretérito* in ihrer isomorphen Struktur und (damit zusammenhängend) in ihrer der leichteren Erlernbarkeit zu suchen sein.

7.2. Gebrauchshäufigkeit

Jedoch kann nicht bei allen Partizipien ein Übergang zu „regelmäßigen" Formen festgestellt werden. Dies gilt vor Allem für jene Partizipien, die auf schon lateinische Formen mit Stammbetonung zurückgehen. Bemerkenswert ist, dass

---

342 Elvira 1998, 136. Vgl. auch González Pérez 2008, 248: „[L]a tendencia ha sido a la reducción y la permanencia o creación de un participio regular."

bei diesen durchaus nicht immer eine Entsprechung zu den Formen des *pretérito perfecto simple* gegeben ist – *abierto, cubierto* usw. sind zwar starke Partizipien, sie gehören aber zu den Paradigmata von Verben mit schwacher Bildung des *pretérito*. Die Zugehörigkeit zu demselben Paradigma hat hier nicht zu einer Angleichung geführt.

Im Hinblick auf die Gründe, aus denen viele starke Partizipien sich dem Übergang zum schwachen Bildungsprinzip entzogen haben, ist eine einfache Antwort nicht möglich. Das Frequenzmoment, das bei den *pretérito*-Formen aus Gründen der kommunikativen Effizienz die Kürze des *signifiant* und die maximale Unterscheidbarkeit von anderen Formen als vorteilhaft erscheinen lässt (vgl. oben, Kap. 4.3.), kann bei den Partizipien nur indirekt eine Rolle gespielt haben. Denn die Partizipien weisen – unabhängig von ihrer Bildungsweise – allgemein sehr viel niedrigere Gebrauchswerte auf als die konjugierten Formen der Verben, denen sie zugehören. Auskunft (wenn auch nur in begrenztem Maße) erteilen hier wiederum die Listen des *Diccionario – Frecuencias del español, in denen* die Partizipien gesondert von den zugrundeliegenden Verbformen aufgeführt sind.[343] Die folgende Aufstellung vergleicht die absolute Gebrauchshäufigkeit einiger Verben mit jener ihrer starken Partizipien:

Verb	Frequenz	Starkes Partizip	Frequenz
abrir	744 (muy alta)	*abierto*	243 (muy alta)
cubrir	226 (muy alta)	*cubierto*	32 (notable)
decir	8.959 (muy alta)	*dicho*	Nicht aufgeführt (SIC!)
escribir	673 (muy alta)	*escrito*	43 (notable)
hacer	7.629 (muy alta)	*hecho*	702 (muy alta)
morir	700 (muy alta)	*muerto*	115 (muy alta)
poner	1.858 (muy alta)	*puesto*	202 (muy alta)
romper	226 (muy alta)	*roto*	36 (notable)
ver	3.967 (muy alta)	*visto*	39 (notable)
volver	1.338 (muy alta)	*vuelto*	Nicht aufgeführt

---

343   Auf die arg pauschale Charakterisierung der Frequenzen im *DFE* (z.B. „muy alta" sowohl bei fünfstelligen als auch bei niedrig dreistelligen Werten etc.) wurde bereits in Kap. 4.3. hingewiesen. Die absoluten Zahlenwerte sind aber für unsere Zwecke hinreichend aussagekräftig. Die Begrenzung auf die 5000 häufigsten Formen hat zur Folge, dass viele Partizipien nicht aufgeführt sind.

Zum Vergleich betrachten wir die Frequenzwerte der Verben mit schwachen Partizipien. Hier bietet sich ein noch extremeres Bild. Die Werte der fünf häufigsten Verben der Gruppe mit starkem *pretérito*, aber schwachem *participio pasado* sehen wie folgt aus:

Verb (starkes *pretérito perfecto simple*)	Frequenz	Schwaches Partizip	Frequenz
haber	20.330 (m. alta)	*habido*	Nicht aufgeführt (SIC!)
estar	10.343 (m. alta)	*estado*	1.570 (muy alta)
tener	10.094 (m. alta)	*tenido*	Nicht aufgeführt
poder	7.490 (muy alta)	*podido*	Nicht aufgeführt
venir	1.480 (muy alta)	*venido*	Nicht aufgeführt

Wenn auch die starken Partizipien im Vergleich zu den schwachen eine geringfügig höhere Gebrauchshäufigkeit aufzuweisen scheinen, so sind die ermittelten Zahlenwerte doch so gering, dass die Annahme eines Zusammenhangs zwischen Frequenz und Form des Partizips nicht hinreichend fundiert erscheint.

7.3. Lexikalisierung

Bei den *pretérito*-Formen der starken Verben stellt neben der hohen Vorkommenshäufigkeit auch die Grammatikalisierung ein Moment dar, das an der Bewahrung der morphologischen „Unregelmäßigkeit" beteiligt sein kann. Bei den Partizipien hingegen ist Vergleichbares schon allein aufgrund der syntaktischen Funktionsweise der Wortart schwer vorstellbar.

An die Stelle der Grammatikalisierung tritt bei vielen ehemals starken Partizipien vielmehr ein Prozess der Lexikalisierung, speziell ein Übertritt in die Wortart der Adjektive oder Substantive. Es handelt sich also um eine Aufteilung unterschiedlicher Funktionen zwischen jeweils zwei divergierenden *signifiants*, die ursprünglich demselben Paradigma angehörten.[344] Die Lexikalisierung wird dadurch gefördert, dass bei den starken Formen der Bezug zu

---

344 Eine Aufteilung der Funktionen unter unterschiedlichen Formen ist, wie in Kap. 4.1. dargestellt, auch bei einzelnen Präteritum-Formen des Deutschen gegeben. Diese (auf wenige Verben beschränkte) Entwicklung ist mit der Lexikalisierung bestimmter spanischer Partizipien allerdings nur sehr entfernt vergleichbar, da es im Deutschen nicht zu einer Veränderung der Wortart kommt.

den zugrundeliegenden Verben weniger deutlich erkennbar ist als bei den (zeitweise mit ihnen koexistierenden) schwachen Partizipien (Beispiele: *confuso* vs. *confundido*; *tinto* vs. *teñido*). Für die Wahrnehmung der Funktion des *participio pasado* steht die „regelmäßige" schwache Form weiterhin zur Verfügung. Ein Zusammenhang mit dem Frequenzmoment kann hierbei nicht ausgeschlossen werden. So stellt die *NGLE* in einem hier bereits zitierten Passus fest, dass „unregelmäßige" Partizipien (unter Einschluss der lexikalisierten) höhere Gebrauchswerte aufweisen als „regelmäßige."[345] Anhand der Daten des *DFE* kann diese Aussage hier allerdings nicht verifiziert werden, da die meisten der betroffenen Formen (Partizipien ebenso wie Adjektive/Substantive) in dessen Listen aufgrund ihrer geringen Vorkommenshäufigkeit nicht verzeichnet sind.

Im Zusammenhang mit der Lexikalisierung bestimmter (starker) Partizipien ist ihre Verwendung in idiomatischen Wendungen zu sehen. Die Zahl derartiger Ausdrücke ist allerdings auf wenige Fälle beschränkt; auch die Gesamtzahl der idiomatischen Wendungen ist sehr begrenzt. Dies dürfte mit der oben angesprochenen, begrenzten Gebrauchshäufigkeit der Partizipien zusammenhängen. Nachfolgend die im *DEA* aufgeführten idiomatischen Wendungen, die auf den drei am Häufigsten gebrauchten starken Partizipien basieren:[346]

- *Abierto*: loc. adv. *-en-*: De manera que pueda ser recibido por receptores no abonados a un determinado canal

- *Hecho*: loc. adv.: *-a-*: Seguidamente o sin interrupción; de-: En realidad

- *Puesto*: loc. adv. *-con lo-*: Sin llevar consigo más que la ropa puesta; loc. con ~ que: Porque.

7.4. Fazit

Fassen wir die Entwicklung bei den Partizipien der einfachen Verben zusammen, so ist bietet sich kein einheitliches Bild, wohl aber eine klar erkennbare Tendenz.

- Bei den Partizipien (entsprechend der Entwicklung beim *pretérito*) ist eine deutliche Tendenz zur Regularisierung, d.h. zur Herstellung isomorpher, „regelmäßiger" Formen, erkennbar. Zahlreiche ursprünglich starke Formen sind im Laufe der Entwicklung vom starken zum schwachen Bildungsmuster

---

345   Vgl. *NGLE* 4.12k, 244.
346   Alle Angaben nach *DEA* (eigene Einträge).

übergewechselt. Dieser Prozess ist zeitlich vor Allem in der Epoche des Alt-kastilischen anzusiedeln, also in einer Zeit, in der noch keine wirksame Sprachnorm existiert, die diese Veränderung hätte beeinflussen können. Der Wandlungsprozess äußert sich in besagter Zeit in einem Nebeneinander tradierter starker und neu gebildeter schwacher Formen. Im Laufe der weite-ren Entwicklung setzen sich die schwachen Partizipformen meist (allerdings nicht immer) gegenüber den starken durch: Die neuspanischen Partizipien lauten *nacido* statt *nado* (zu *nacer*), *traído* statt *trecho* (zu *traer*), *querido* statt *quisto* (zu *querer*), *visto* statt *veído* (zu *ver*), *aducido* statt *aducho* (zu *aducir*; vergleichbar *conducido* usw.). Dieser Wandlungsprozess reicht sogar noch weiter als bei den Formen des *pretérito perfecto simple*, da er eine größere Anzahl von Wörtern betrifft.

- Eine weitere Parallele zu den *pretérito*-Formen besteht darin, dass bestimmte Partizipien sich diesem Wandel entzogen haben. Dies gilt vor Allem für die Partizipien solcher Verben, deren lateinische Ursprungsformen bereits dem starken Typus angehörten (*dicho, hecho* usw.). Wenn zu diesen Partizipien zeitweise schwache Parallelformen existiert haben, haben sie sich nicht durchgesetzt. Beispiele: Es heißt heute *puesto* statt *ponido* (zu *poner*), *roto* statt *rompido* (zu *romper*), *escrito* statt *escribido* (zu *escribir*[347]).

- Ähnlich wie bei den Formen des *pretérito perfecto simple* ist in vielen Fäl-len ein Zusammenhang mit der Frequenz wahrscheinlich: Die Tendenz zur Bewahrung des starken Typus ist vor Allem bei häufiger vorkommenden Partizipien zu beobachten. Jedoch lässt sich dieser Trend allerdings – anders als bei den starken Formen des *pretérito* – nur selten statistisch nachweisen, da die verfügbaren Frequenzuntersuchungen meist nur niedrige Häufig-keitswerte angeben und die Partizipien generell nur unzureichend erfassen.

- Viele starke Partizipien haben sich zu Adjektiven oder Substantiven weiter-entwickelt. Dieser Prozess leitet allerdings nur selten über zum Gebrauch bestimmter ehemaliger Partizipien in idiomatischen Wendungen, wie er bei den starken Verbformen des *pretérito perfecto simple* gegeben ist.

---

347 Vgl. zu diesem Beispiel González Pérez 2008, 249.

8 Zusammenfassung und Ausblick

Die Beschreibung der Entwicklung der starken und schwachen Formen im Spanischen hat gezeigt, hat gezeigt: Monokausale Erklärungsansätze wie der natürlichkeitstheoretische (Gerhard Augst spricht von „Schema-Denken") können weder den Wandel der Formen des *pretérito perfecto simple* noch jenen des *participio pasado* hinreichend erklären. Es ist zwar unbestreitbar, dass es im Spanischen in beiden Bereichen der Morphologie zeitweise eine Tendenz zum Übergang vom starken zum schwachen Bildungsprinzip gegeben hat. Diese war bzw. ist immer noch vor Allem in Zeiten bzw. Umgebungen mit geringer Wirksamkeit einer sprachlichen Norm gegeben (mittelalterliche Epoche, heutige Dialekte).

Aber auch unter solchen Bedingungen greift dieser „drift" ganz überwiegend nur bei Verbformen bzw. Partizipien mit geringer Gebrauchshäufigkeit. Die (einfachen) Formen mit höherer Frequenz tendieren – wiederum sowohl bei den Vergangenheitsformen als auch bei den Partizipien – zur Bewahrung des starken Bildungsmusters. Eine Erklärung besteht darin, dass diese (kompakten und gut von anderen unterscheidbaren) Formen in der Kommunikation effizienter sind, auch wenn sie dem Sprachbenutzer zuweilen „unregelmäßig" erscheinen mögen. Die besondere Rolle der starken Formen kommt beim *pretérito perfecto simple* auch darin zum Ausdruck, dass sie teilweise bestimmten Grammatikalisierungsprozessen unterliegen oder Eingang in idiomatische Wendungen finden. Beim *participio pasado* tritt an die Stelle der Grammatikalisierung in einigen Fällen die Lexikalisierung.

Allerdings gilt dies nur für die einfachen (nicht-abgeleiteten) Formen. Weitet man die Betrachtung auf die Derivatformen aus, so stellt sich die Beziehung zwischen Frequenz und starken Formen als eine einseitige dar: Eine hohe Gebrauchshäufigkeit geht zwar oft mit starken Formen einher; umgekehrt bedingen niedrige Vorkommenswerte aber nicht notwendig den Übergang zum schwachen Bildungsprinzip. Entscheidend ist hier nicht die Herstellung isomorpher Strukturen, sondern die Analogie zu den Simplexformen. Auch hier ist offensichtlich das Prinzip der kommunikativen Effizienz wirksam: Die morphologische Übereinstimmung von Simplex- und Derivatformen erscheint für das Funktionieren der Kommunikation sinnvoller als die Herstellung isomorpher Strukturen, die den Bezug zu den Simplexformen verdunkeln würde.

In der vorliegenden Studie wurde (wenn auch nur rudimentär) ein Bezug zur Entwicklung der Präteritumformen des Deutschen hergestellt. Für die Romanistik wäre es interessant und sicher lohnend, die für das Spanische festgestellten synchronen und diachronen Befunde mit jener andere romanischer Sprachen zu vergleichen.

Literatur

Berceo, Gonzalo de 1967: La *"Vida de San Millán de Cogolla" de Gonzalo de Berceo* Estudio y edición crítica de Brian Dutton. London (Tamesis Books)

Berceo, Gonzalo de 1978: *El Libro de Alixandre*. Reconstrucción crítica de Dana Arthur Nelson. Madrid (Gredos)

Berceo, Gonzalo de 2006: *Milagros de Nuestra Señora*. Edición de Juan Carlos Bayo y Ian Michael. Madrid (Castalia)

Cid = *Poema de Mio Cid* 1976. Edición, introducción y notas de Ian Michael. Madrid (Castalia)

Cid Concordancia 2003: *Poema de Mio Cid. Nueva concordancia completa*. Editada por Hansjörg König, Guido Mensching, Jürgen Rolshoven. Hildesheim/Zürich/New York (Olms-Weidmann)

Correas 1903 = Maestro Gonzalo Correas: *Arte grande de la lengua castellana. Compuesta en 1626. Publicado por primera vez*. El Conde de la Viñaza de la Real Academia Española. Madrid (Consejo Superior de Investigaciones Científicas)

Correas 1984 = Gonzalo Correas: *Arte Kastellana (1627). Introducción, edición y notas por Manuel Taboada Cid*. Santiago de Compostela (Universidad de Santiago de Compostela)

Covarrubias = Covarrubias Orozco, Sebastián 2006. *Tesoro de la lengua castellana o española*. Ed. integral e il. de Ignacio Arellano. Madrid (Interamericana) [Erstausgabe 1611]

DA = Real Academia 1976: *Diccionario de Autoridades*. Ed. Facs. 3ª reimpr. Vol. I–III. Madrid (Gredos) [Erstausgabe 1726–1739]

GLVE 1966 = *Gramática de la lengua vulgar de España*. Lovaina 1559. Edición facsimilar y estudio de Rafael Balbín y Antonio Roldán. Madrid (Consejo Superior de Investigaciones científicas)

Menéndez Pidal, Ramón 1966: *Documentos lingüísticos de España. I: Reino de Castilla*. Reimpresión. Madrid (Consejo Superior de Investigaciones Científicas, = Revista de Filología Española, Anejo LXXXIV)

Nebrija, Antonio de 1989: *Gramática de la lengua castellana*. Estudio y edición de Antonio Quilis. Madrid (Centro de Estudios Ramón Areces) [Erstveröffentlichung 1492]

Nebrija Antonio de 1977: *Reglas de orthographía en la lengua castellana*. Estudio y edición de Antonio Quilis. Bogotá (Instituto Caro y Cuervo) [Erstveröffentlichung 1517]

Oudin 1660 = *Grammaire espagnolle, expliquée en françois,* par Cesar OVDIN. Augmentée en cette derniere Édition par Antoine OVDIN. Paris [https://babel.hathitrust.org/cgi/pt?id=ucm.5325300263view=1useq=72]

RAE 1771 = *Gramática de la Lengua Castellana.* Compuesta por la Real Academia Española. Madrid (Ibarra) [Ed. Facimilar 2015]

Ruiz, Juan/Arcipreste de Hita 1995: *Libro de buen amor.* Edición de Alberto Blecua. Segunda edición. Madrid (Cátedra)

UBI 1977 = *Vtil y breve institvcion para aprender los principios y fundamentos de la lengua Hespañola.* Lovaina 1555. Edición facsimilar con Estudio e Indice de Antonio Roldán. Madrid (Consejo Superior de Investigaciones científicas)

Valdés, Juan de 1969: *Diálogo de la lengua.* Edición, introducción y notas de Juan M. Lope Blanch. Madrid (Castalia)

Villalón 1971 = *Gramática castellana. Arte breue y compendiosa para saber hablar y escrevir en la lengua Castellana congrua y deçentemente.* Por el licendiado Villalón. Anvers 1558. Edición facsimilar y estudio de Constantino García. Madrid (Consejo Superio de Investigaciones Científicas)

Abraham, Werner (Hg.) 1974: *Terminologie zur neueren Linguistik.* Zusammengestellt von Werner Abraham unter Mitwirkung von R. Elema, R. Griesen, A.P. ten Cate und J. Kok. Tübingen (Niemeyer)

Alvar, Manuel/Potter, Bernard 1987: *Morfología histórica del español.* Madrid (Gredos)

Augst, Gerhard 1977: „Wie stark sind die starken Verben?" In ders.: *Sprachnorm und Sprachwandel. Vier Projekte zu diachroner Sprachbetrachtung.* Wiesbaden (Athenaion), 125–177

Badia, Antonio 1950: *El habla del Valle de Bielsa.* Barcelona (Consejo Superior de Estudios Científicos)

Banta, Frederick 1952: *Abweichende spät- und vulgärlateinische Perfektbildungen.* Bern (Paulusdruckerei)

Biemann, Chris/ Heyer, Gerd /Quasthoff, Uwe 2011: *Frequency Dictionary German DEU = Häufigkeitswörterbuch Deutsch.* Leipzig (Leipziger Universitätsverlag)

Bittner, Andreas 1996: *Starke „schwache" Verben, schwache „starke" Verben. Deutsche Verbflexion und Natürlichkeit.* Tübingen (Stauffenburg)

Bittner, Andreas/Dressler, Wolfgang Ulrich 2000. „Wandeljahre." Bittner, Andreas/Bittner, Dagmar/Köpcke, Klaus-Michael (Hgg.): *Angemessene Strukturen: Systemorganisation in Phonologie, Morphologie und Syntax.* Hildesheim/Zürich/New York (Olms), 1–16

Bourciez, Édouard 1967: *Éléments de lingüistique romane*. Cinquième édition. Paris (Klincksieck)

Braselmann, Petra 1991: *Humanistische Grammatik und Volkssprache. Zur „Gramática de la lengua castellana"* von Antonio de Nebrija. Düsseldorf (Droste)

Bustos Gisbert, Eugenio de 1992: „La alternancia <OVE>/<PUDE> en castellano medieval y clásico." Bartol Hernández, José Antonio/ García Santos, Juan Felipe/Santiago Guervós, Santiago de: *Estudios filológicos en homenaje a Eugenio de Bustos Tovar*. Salamanca (Ediciones Universidad de Salamanca). Vol. I, 137–165

Cano Aguilar, Rafael 2004: „La morfología histórica del español en los últimos cien años." *Lexis. Revista de lingüística y de literatura* 28, 1–2, 71–104

Cejador y Frauca, Julio 2005: *Vocabulario Medieval Castellano*. 3a edición Madrid (Visor) [¹1929]

De Bruyne, Jacques 1993: *Spanische Grammatik*. Übersetzt von Dirko-J. Gütschow. Tübingen (Niemeyer)

DCECH = Corominas, Juan/Pascual, José A. 1980–1991: *Diccionario crítico etimológico castellano e hispánico*. Vol. I–VI. Madrid (Gredos)

DEA = Seco, Manuel / Andrés, Olimpia / Ramos, Gabino 1999: *Diccionairo del Español Actual*. Vol. I–II. Madrid (Aguilar)

DEM = Alonso, Martín 1986: *Diccionario Medieval Español. Desde las Glosas Emilianenses y Silenses (s. X) hasta el siglo XV*. Salamanca (Universidad Pontificia)

Denooz, Joseph 2010: *Nouveau lexique fréquentiel du latin*. Hildesheim/Zürich/New York (Olms-Weidmann)

De Poerck, G./Mourin, L. 1961: *Introduction à la morphologie comparée des langues romanes, basée sur des traductions anciennes des apôtres ch. XX à XXIV. Tome I : Ancien portugais et ancien castillan*. Bruges (de Tempel)

Detges, Ulrich 1999: „Wie entsteht Grammatik? Kognitive und pragmatische Determinanten von Tempusmarkern." Lang, Jürgen / Neumann-Holzschuh, Ingrid (Hgg.): *Reanalyse und Grammatikalisierung in den romanischen Sprachen*. Tübingen (Niemeyer), 31–52

DFE = Almela, Ramón/Cantos, Pascual/Sánchez, Aquilino/Sarmiento, Ramón/Almela, Moisés 2005: *Diccionario – Frecuencias del español. Diccionario y estudios léxicos y morfológicos*, Madrid (Universitas) [https://www.um.es/lacell/proyectos/dfe]

Diez, Friedrich 1871: *Grammatik der romanischen Sprachen*. Zweiter Theil. Zweites Buch: *Wortbiegungslehre*. Dritte, neu bearbeitete und vermehrte Auflage. Bonn (Eduard Weber)

Diez, Friedrich 1882: *Grammatik der romanischen Sprachen*. Zweiter Theil. Zweites Buch: *Wortbiegungslehre*. Fünfte Auflage. Bonn (Eduard Weber)

DLE = Real Academia Española 1992. *Diccionario de la Lengua Española*. Vigésima primera edición. Tomo I–II. Madrid (Espasa Calpe)

DPD = Real Academia Española/Asociación de Academias de la Lengua Española 2005: *Diccionario panhispánico de dudas*. Madrid (Santillana Editores Generales)

Dubois, Jean 1967: *Grammaire structurale du français. Le verbe*. Paris (Larousse)

DUDEN-Grammatik 2009: *DUDEN – Die Grammatik. Unentbehrlich für richtiges Deutsch*. Hrsg. von der Dudenrekation. 8., überarbeitete Auflage. Mannheim (Duden-Verlag)

Eisenberg, Peter 1989: *Grundriss der deutschen Grammatik*. 2. Auflage. Stuttgart (Metzlersche Verlagsanstalt)

Eisenberg, Peter 2013: *Grundriss der deutschen Grammatik*. 4., überarbeitete und erweiterte Auflage. Bd 1: Das Wort. Stuttgart (Metzlersche Verlagsanstalt)

Elvira, Javier 1998: *El cambio analógico*. Madrid (Gredos)

Ernout, Alfred 195: *Morphologie historique du latin*. Avec un avant-propos de A. Meillet. Paris (Klincksieck)

Ernout, Alfred 1954: *Aspects du vocabulaire latin*. Paris (Klincksieck)

Forcellini = Forcellini, Aegidius (1858–1879): *Totius Latinitatis Lexicon*. Vol. I–VI. Schneebergae (Schumann)

Fouché, Pierre 1929: „Le parfait en castillan." *Revue Hispanique* LXXVII, 45–87

Franchini, Enzo 1990: Rz. zu Schede, Hildegard (1987). *Vox Romanica* 49 (Jan. 1), 668–668

Gaeta, Livio 2016: „Irregularität und Systemangemessenheit." Bittner, Andreas/Köpcke, Klaus-Michael (Hgg.): *Regularität und Irregularität in Phonologie und Morphologie*. Berlin/Boston (de Gruyter), 29–45

García de Diego, Vicente 1970: *Gramática histórica española*. Tercera edición corregida. Madrid (Gredos)

GDLE = Bosque, Ignacio/Demonte, Violeta 1999: *Real Academia Española – Gramática descriptiva de la lengua española*. Vol. 3: Entre la oración y el discurso. Morfología. Madrid (Espasa)

Georges, Karl Ernst 1983: *Ausführliches lateinisch-deutsches Handwörterbuch. Aus den Quellen zusammengetragen und mit besonderer Bezugnahme auf Synonymik und Antiquitäten unter besonderer Berücksichtigung der besten Hilfsmittel ausgearbeitet von K.E.G. Unveränderter Nachdruck der achten verbesserten und vermehrten Auflage von Heinrich Georges*. Darmstadt (Wissenschaftliche Buchgesellschaft)

GLE = Alarcos Llorach, Emilio 1994: *Gramática de la lengua española. Real Academia Española*. Madrid (Espasa-Calpe)

Goldhahn, D./Eckart, T./Quasthoff, U. 2012: „Building Large Monolingual Dictionaries at the Leipzig Corpora Collection. From 100 to 200 Languages." *Proceedings oft he 8th International Language Resources and Evaluation* (*LREC* '12). 2012

González Pérez, Rosario 2008: „El tratamiento lexicográfico de los participios de pasado de los verbos con doble participio en español." Azorín Fernández, Dolores (ed.): *El diccionario como puente entre las lenguas y culturas del mundo. Actas del II Congreso Internacional de Lexicografía Hispánica*. Alicante (Biblioteca Virtual Miguel de Cervantes) 247–252.

Götze, Lutz/ Hess-Lüttich, Ernst W. B. 1999: *Grammatik der deutschen Sprache. Sprachsystem und Sprachgebrauch*. Gütersloh (Bertelsmann)

Grimm, Jacob 1995, [1]1819: *Deutsche Grammatik 1. Mit einer Einleitung zur Deutschen Grammatik von Elisabeth Feldbusch*. Hildesheim/ Zürich/ New York [Nachdruck der Ausgabe Göttingen 1819]

Grimm, Jacob/ Grimm, Wilhelm 1854 ff.: *Deutsches Wörterbuch*. Vol. I–XVI. Leipzig (Hirzel)

Hanssen, Friedrich 1913: *Spanische Grammatik auf historischer Grundlage*. Halle (Niemeyer)

Hermann, Ursula/Götze, Lutz 1999: *Die deutsche Rechtschreibung*. Gütersloh (Bertelsmann)

Hönigsperger, Astrid 1992: „364. Spanisch: Flexionslehre." Günter Holtus/Michael Metzeltin/Christian Schmitt (Hgg.): *Lexikon der Romanistischen Linguistik*. Tübingen (Niemeyer), Vol. VI,1; 77–91

Hunnius, Klaus 1989: „Wie schwierig sind die unregelmäßigen Verben? Morphologische ‚Unregelmäßigkeit' aus struktularer und funktionaler Sicht." *Romanistisches Jahrbuch 40, 44–59*

Jodl, Frank 2018: *Fremdsprachenunterricht und Linguistik-Studium: „Wozu brauchen wir das eigentlich?" Eine Orientierungshilfe für sprachübergreifendes Lehren auf kontrastiver Basis*. Stuttgart (Ibidem)

Juilland, Alphonse/ Chang-Rodríguez, Eugenio 1964: *Frequency Dictionary of Spanish Words*. The Hague (Mouton)

Kabatek, Johannes 2005: „Über Trampelpfade, sichtbare Hände und Sprachwandelprozesse." In: Stehl, Thomas (Hg.): *Unsichtbare Hand und Sprachwandel*.

Typologie und Prozesse des Sprachwandels in der Romania. Tübingen (Narr), 155–174

Keller, Rudi 1990: *Sprachwandel. Von der unsichtbaren Hand in der Sprache.* Tübingen (Francke/UTB)

Kiesler, Reinhard 2006: *Einführung in die Problematik des Vulgärlateins.* Tübingen (Niemeyer)

Kilani-Schoch, Marianne/ Dressler, Wolfgang U. 2005: *Morphologie naturelle et flexion du verbe français.* Tübingen (Narr)

Klein, Franz-Josef 1996: „Die Entwicklung der ‚starken‘ und der ‚schwachen‘ Verben im Deutschen und im Spanischen – Fälle ‚natürlichen‘ sprachlichen Wandels?." Gerd Wotjak (Hg.): *Studien zum romanisch-deutschen und innerromanischen Sprachvergleich.* Akten der III. Internationalen Arbeitstagung zum romanisch-deutschen Sprachvergleich (Leipzig, 9.–11.10.1995). Frankfurt am Main/Berlin/Bern/New York/Paris/Wien (Lang) 1997, 619–630

Klein, Franz-Josef 2008: Rz. zu Kilani-Schoch/Dressler 2005. *Romanische Forschungen* 120/3, 387–390

Lanchetas, Rufino 1900: *Gramática y vocabulario de las obras de Gonzalo de Berceo.* Madrid (Sucesores de Rivadeneyra)

Lang, Mervyn 2009: *Formación de palabras en español. Morfología derivativa productiva en el léxico moderno.* Cuarta edición [¹1990]. Madrid (Cátedra)

Langendoen, Terence 1969: *The Study of Syntax. The Generative-Transformational Approach to the Structure of American English.* New York/Chicago (Holt, Rinehart and Winston Inc.)

Lanly, André 2002: *Morphologie historique des verbes français. Notions générales, conjugaisons régulières, verbes irréguliers.* Paris (Bordas)

Lapesa, Rafael 1981: *Historia de la lengua española.* Prólogo de Ramón Menéndez Pidal. Novena edición corregida y aumentada. Madrid (Gredos)

Lathrop, T.A. 1995: *Curso de gramática histórica española. Con la colaboración de Juan Gutiérrez Cuadrado.* Barcelona (Ariel)

Lausberg, Heinrich 1972: *Romanische Sprachwissenschaft. III Formenlehre.* 2., durchgesehene Auflage. Berlin/New York (de Gruyter)

Lázaro Carreter, Fernando 1981: *Diccionario de términos filológicos. Tercera edición corregida.* Madrid (Gredos)

Leal Abad, Elena 2016: „La lengua como canon y como objeto de la crítica en la gramática normativa." *Círculo de lingüística aplicada a la comunicación (Clac)* 66, 148–194

Leumann, Manu 1977: *Lateinische Laut- und Formenlehre.* München: Beck [= Leumann/Hofmann/Szantyr: Lateinische Grammatik, I (Erstveröffentlichung) 1926]

Lloyd, Paul M. 1993: *Del latín al español*. Vol. 1: *Fonología y Morfología Histórica de la Lengua Española*. Versión española de A. Álvarez Rodríguez. Madrid (Gredos)

Lope Blanch, Juan 1982: „A vueltas con Jerónimo de Texeda y Juan de Luna." Ders.: *Estudios de lingüística hispánica*. Madrid (Arco)

López Bobo, M.ª Jesús 1996: „Aproximación al desarrollo del radical vocálico de los perfectos /ui/ a través del análisis de *stetui* y **andedui*." A. Alonso González/L. Castro Ramos/S. Gutiérrez Rodilla/J.A. Pascual Rodríguez (eds): *Actas del III Congreso International de Historia de la Lengua Española*. Salamanca, 22–27 de noviembre 1993. Madrid (Arco Libros), 387–402

Luquet, Gilles 1996: „Un caso de motivación del signo lingüístico: La oposición regular/irregular en la historia de los pretéritos indefinidos." A. Alonso González/L. Castro Ramos/S. Gutiérrez Rodilla/J.A. Pascual Rodríguez (eds): *Actas del III Congreso International de Historia de la Lengua Española*. Salamanca, 22–27 de noviembre 1993. Madrid (Arco Libros), 403–410

Maiden, Martin 2001: „A strange Affinitiy: 'Perfecto y tiempos afines'." *Bulletin of Hispanic Studies* 78, issue 4, 441–464

Martinez Moreno, Annette 1991: *Sprachwandel und Irregularität. Morphosyntaktische Veränderungen im Bereich französischer Nominalkategorien*. Berlin (Schmidt)

Mayerthaler, Willi 1980: *Morphologische Natürlichkeit*. Wiesbaden (Athenaion)

Menéndez Pidal 1980a: *Orígenes del español. Estado lingüístico de la Península Ibérica hasta el siglo X*. Novena edición (según la tercera, muy corregida y aumentada). Madrid (Espasa-Calpe)

Menéndez Pidal ⁶1980b: *Manual de gramática histórica española*. Madrid: Espasa-Calpe

Meyer-Lübke, Wilhelm 1894: *Grammatik der romanischen Sprachen*. II: *Romanische Formenlehre*. Leipzig (O.R. Reisland)

Meyer-Lübke, Wilhelm 1901: *Einführung in das Studium der romanischen Sprachwissenschaft*. Heidelberg (Winter)

Meyer-Lübke, Wilhelm 1913: *Historische Grammatik der französischen Sprache*. Erster Teil: *Laut- und Flexionslehre*. 2. und 3. Durchgesehene Auflage. Heidelberg (Winter)

Montgomery, Thomas 1978: „Iconictiy and lexical retention in Spanisch: stative and dynamic verbs." *Language* 54, 907–916

Narbona, Antonio / Cano, Refael / Morillo, Ramón 2003: *El español hablado en Andalucía*. Sevilla (Fundación Manuel Lara)

NGLE = Real Academia Española 2010: *Nueva gramática de la lengua española. Morfología – Sintaxis I.* Segunda tirada. Madrid (Espasa)

Nord, Christiane 1983: *Neueste Entwicklungen im spanischen Wortschatz.* Zweite, unveränderte Auflage. Rheinfelden (Schäuble)

Nyrop, Kr[istoffer] 1968: *Grammaire historique de la langue française.* Tome deuxième [Morphologie]. Cinquième édition. København (Gyldendal) [Erstausgabe 1913]

Obernesser, Alkinoi 2000: *Spanische Grammatikographie im 17. Jahrhundert. Der Arte de la lengua castellana española von Gonzalo Correas.* Frankfurt etc. (Lang)

Oelschläger, Victor R.B. 1940: *A Medieval Spanish Word-List. A Preliminary Dated Vocabulary of First Appearances up to Berceo.* Madison (The University of Wisconsin Press)

Paul, Hermann 1975: *Prinzipien der Sprachgeschichte.* 9., unveränderte Auflage. Tübingen, Niemeyer [1. Auflage 1880]

Penny, Ralph 1969: *El habla pasiega.* Londres (Thamesis)

Penny, Ralph 2008: *Gramática histórica del español.* 3a impresión. Barcelona (Ariel) [Erstveröffentlichung (1991): *A History of the Spanish Language.* 2nd edition. Cambridge (Cambridge University Press)]

RAE 1981 = Real Academia Española: *Esbozo de una nueva Gramática de la lengua española.* Séptima reimpresión [Primera edición: 1973]. Madrid (Espasa-Calpe)

Rainer, Franz 1993: *Spanische Wortbildung.* Tübingen (Niemeyer)

Ruoff, Arne ³2014: *Häufigkeitswörterbuch gesprochener Sprache.* Tübingen (Niemeyer; Reprint, Erstauflage 1981)

Sapir, Edward 1949: *Language. An Introduction to the Study of Speech.* New York (Brace&World) [Erstausgabe 1921]

Schede, Hildegard 1987: *Die Morphologie des Verbes im Altspanischen.* Frankfurt a.M e.a. (Lang)

Smith, Colin 1979: „Introducción." *Poema de Mio Cid.* Quínta edición. Madrid (Cátedra), 11–119

Söll, Ludwig 1980: *Gesprochenes und geschriebenes Französisch.* 2., rev. u. erw. Aufl. / bearb. Von Franz Josef Hausmann. Berlin (Schmidt)

Tagliavini, Carlo 1973: *Einführung in die romanische Philologie.* München (Beck)

TDMS = Boggs, R.S./Kasten, L./Keniston, H./Richardson, H.B. 1946: *Tentative Dictionary of Medieval Spanish.* Vol. 1–2. Chapel Hill, N.C.

Thibault, André 2000: *Perfecto simple y perfecto compuesto en español preclásico. Estudios de los perfectos de indicativo en „La Celestina", el „Teatro" de Encina y el „Diálogo de la lengua."* Tübingen (Niemeyer)

Thiele, Johannes 1996: *Wortbildung der spanischen Gegenwartssprache.* 5. Auflage. Leipzig u.a. (Langenscheidt)

ThLL = *Thesaurus Linguae Latinae* 1900 ff. Editus auctoritate et consilio academiarum Germanicarum berolinensis gottingensis lipsiensis monacensis vindobonensis. Vol. 1 ff. Lipsiae (Teubner)

Väänänen, Veikko 1967: *Introduction au latin vulgaire.* Nouvelle édition revue et complétée d'une anthologie avec commentaires. Paris (Klincksieck)

Van Loey, A[dolphe] 1970: *Schönfelds Historische Grammatica von het Nederlands. Klankleer – Vormleer – Woordvorming.* Achtste Druk. Zutphen (Thieme)

Wahrig, Gerhard 1984: *Deutsches Wörterbuch. Mit einem „Lexikon der deutschen Sprachlehre."* Völlig neu überarbeitete Neuausgabe. o.O. (Berlin/Mosaik-Verlag)

Watkins, Calvert 1969: *Indogermanische Grammatik. Bd III: Formenlehre. Erster Teil: Geschichte der indogermanischen Verbalflexion.* Heidelberg (Winter)

Weber, Heinrich 1980: „14. Morphemik." In: Althaus, Hans Peter/Henne, Helmut/Wiegand, Herbert Ernst (Hgg.): *Lexikon der Germanistischen Linguistik.* 2., vollständig neu bearbeitete und erweiterte Auflage. Reprint 2011. Tübingen (Niemeyer), 159–169

Wegera, Klaus-P. 1985: „Morphologie des Neuhochdeutschen seit dem 17. Jahrhundert." In: Besch, Werner / Reichmann, Oskar / Sonderegger, Stefan (Hgg.): *Sprachgeschichte. Ein Handbuch zur Geschichte der deutschen Sprache und ihrer Erforschung.* Zweiter Halbband. Berlin/New York (de Gruyter), 1501–1510

Werner, Otmar 1987: „Natürlichkeit und Nutzen morphologischer Irregularität." Boretzky, Norbert/den Besten, Hans (Hgg.): *Beiträge zum 3. Essener Kolloquium über Sprachwandel und seine bestimmenden Faktoren: vom 30.09.–02.10. an der Universität Essen.* Bochum (Brockmeyer), 289–316

Werner, Otmar 1989: „Sprachökonomie und Natürlichkeit im Bereich der Morphologie." *ZPSK* 42, 1, 34–47

Wortschatz Leipzig = https://wortschatz.uni-leipzig.de/de; [Zugriff zuletzt 16.04.2021]

Wurzel, Wolfgang Ullrich 1984: *Flexionsmorphologie und Natürlichkeit. Ein Beitrag zur morphologischen Theoriebildung.* Berlin (Akademie-Verlag)

Wurzel, Wolfgang Ullrich 1988: „Zur Erklärbarkeit sprachlichen Wandels." *Zeitschrift für Phonetik, Sprachwissenschaft und Kommunikationsforschung* 41, 488–510

Wurzel, Wolfgang Ullrich 2000: „Verläuft Sprachwandel gezielt?" https://ids-pub.bsz-bw.de/frontdoor/deliver/index/docId/1369/file/Wurzel_Verlaeft_Sprachwandel_gezielt_2000.pdf [Zugriff zuletzt 05.09.2021]

Zamora Vicente, Alonso 1996: *Dialectología española*. Segunda edición muy aumentada. Madrid (Gredos)

Zauner, Adolf 1908: *Altspanisches Elementarbuch*. Heidelberg (Winter)

Zipf, George K. 1945: „The Repetition of Words. Time-Perspective, and Semantic Balance." *The Journal of General Psychology* 32, 127–148

Band 18 Ulrike Tymister: Schriftspracherwerb funktionaler Analphabeten. Lernprozesse Erwachsener unter Berücksichtigung des Computereinsatzes. 1994.

Band 19 Susanne Schüttler: Zur Verständlichkeit von Texten mit chemischen Inhalt. 1994.

Band 20 Ursula Wilde: Fachsprachliche syntaktische Strukturen in der französischen Anzeigenwerbung. 1994.

Band 21 Rolf Schneider: Der Einfluß von Justus Georg Schottelius auf die deutschsprachige Lexikographie des 17./18. Jahrhunderts. 1995.

Band 22 Roman Looser: Gescheiterte Rechtschreibreformen in der Schweiz. Die Geschichte der Bemühungen um eine Reform der deutschen Rechtschreibung in der Schweiz von 1945 bis 1966. 1995.

Band 23 Heidemarie C. Langner: Die Schreibung englischer Entlehnungen im Deutschen. Eine Untersuchung zur Orthographie von Anglizismen in den letzten hundert Jahren, dargestellt an Hand des Dudens. 1995.

Band 24 Ronald Kresta: Realisierungsformen der Interpersonalität in vier linguistischen Fachtextsorten des Englischen und des Deutschen. 1995.

Band 25 Rudolf Beier (Hrsg.): Sprache – System und Funktion. Festschrift für Günter Weise. 1996.

Band 26 Sabine Afflerbach: Zur Ontogenese der Kommasetzung vom 7. bis zum 17. Lebensjahr. Eine empirische Studie. 1997.

Band 27 Margarete Ott: Deutsch als Zweitsprache. Aspekte des Wortschatzerwerbs. Eine empirische Längsschnittuntersuchung zum Zweitspracherwerb. 1997.

Band 28 Silvia Hartmann: Fraktur oder Antiqua. Der Schriftstreit von 1881 bis 1941. 1998. 2., überarbeitete Auflage 1999.

Band 29 Günther Thomé: Orthographieerwerb. Qualitative Fehleranalysen zum Aufbau der orthographischen Kompetenz. 1999.

Band 30 Elke Schneider: Multisensory Structured Metacognitive Instruction. An Approach to Teaching a Foreign Language to At-Risk Students. 1999.

Band 31 Stefan Schallenberger: Moralisierung im Kriegsdiskurs. Eine Analyse von Printmedienbeiträgen zum Golfkrieg und zum Vietnamkrieg. 1999.

Band 32 Dagmar Wolf: Modellbildung im Forschungsbereich *sprachliche Sozialisation*. Zur Systematik des Erwerbs narrativer, begrifflicher und literaler Fähigkeiten. 2000.

Band 33 Werner Forner (Hrsg.): Fachsprachliche Kontraste oder: Die unmögliche Kunst des Übersetzens. Akten des SISIB-Kolloquiums vom 11.-12. Juni 1999. 2000.

Band 34 Argyro Panagiotopoulou: Analphabetismus in literalen Gesellschaften am Beispiel Deutschlands und Griechenlands. Erwerb von Schriftlichkeit in der Schule als Förderung (schrift-)sprachlicher Handlungsfähigkeit. Eine aktuelle pädagogisch-didaktische Herausforderung. 2001.

Band 35 Gunnar Böhme: Zur Entwicklung des Dudens und seinem Verhältnis zu den amtlichen Regelwerken der deutschen Orthographie. 2001.

Band 36 Claudia Frevel: Nominationstechniken der spanischen Fachsprache. Die kommunikative und nominative Funktion des Relationsadjektivs. 2002.

Band 37 Julia Kuhlmann: Angewandte Sprachwissenschaft in der Bundesrepublik Deutschland nach 1945. 2003.

Band 38 Alice Tomus: Der neue deutsche Sprachbegriff. Zur Wiederbelebung der *Sprachphilosophie* in der ersten Hälfte des 20. Jahrhunderts. 2004.

Band 39 Ulrike Pospiech: Schreibend schreiben lernen. Über die Schreibhandlung zum Text als Sprachwerk. 2005.

www.peterlang.com